青少年信息学奥林匹克竞赛C++编程辅导用书

聪明人的游戏

——信息学探秘

CONGMINGREN DE
YOUXI
XINXIXUE TANMI

陈韦江　陈泰延　编著

广东高等教育出版社
Guangdong Higher Education Press

·广州·

图书在版编目（CIP）数据

聪明人的游戏：信息学探秘．入门篇/陈韦江，陈泰延编著．
—广州：广东高等教育出版社，2018.5（2019.10重印）
　　ISBN 978-7-5361-6019-4

　　Ⅰ.①聪⋯　Ⅱ.①陈⋯②陈⋯　Ⅲ.①信息学–青少年读物
Ⅳ.①G201-49

中国版本图书馆 CIP 数据核字（2017）第 215971 号

出版发行：	广东高等教育出版社
地　　址：	广州市天河区林和西横路/510500
电　　话：	(020) 87554153
网　　址：	www.gdgjs.com.cn
印　　刷：	佛山市迎高彩印有限公司
开　　本：	787 mm × 1 092 mm　　1/16
印　　张：	16.5
字　　数：	391 千
版　　次：	2018 年 5 月第 1 版
印　　次：	2019 年 10 月第 3 次印刷
定　　价：	38.00 元

如发现印装质量问题，请与承印厂联系调换。

版权所有·翻印必究

前　　言

"信息学奥林匹克活动是聪明人的游戏。"——郭嵩山

青少年信息学奥林匹克活动是发现和培养有潜质、有特长学生的重要阵地。事实证明，学生经过信息学活动的长期熏陶，不但能有效地提升学习品质、思维能力和自主探究能力，形成坚毅的个性和科学的思维方法，还有利于科学素养、高尚人格、竞争意识和团队合作精神的养成。

教材、教师和学生是信息学教学活动中的三大要素，尤其教材是其中不可或缺的重要知识载体。一本好的教材，应充分符合学生的学习心智水平和有助于教师教学智慧的发挥，既有趣味性，又浅显易懂，能深深吸引学生踏进信息学的殿堂中去研究和探索。

早在十年前，我们就陆续完成了基于Pascal语言的"聪明人的游戏——信息学探秘"系列丛书的编写，这些优质资源为信息学活动不断创造佳绩、促进大批拔尖创新人才成长做出了重要的贡献。

为使本套优质辅导书继续发挥更好的作用，适应未来人才培养和竞赛的新需要，我们对原系列丛书进行了基于C++语言的全面改编，以全新的面貌呈献给广大信息学爱好者。

本书继承了原Pascal版本的优点，仍然利用故事情景激发兴趣，只选取了C++编程中部分简单的知识进行呈现，避免过多烦冗的知识罗列增加学习难度，同时采取知识分散分布、螺旋上升巩固提高的方式组织教学内容，从不同方面引导学生理解和运用知识，始终以编程思想与方法为核心开展学习活动。

本书内容定位为C++语言编程零起点的学习者，尤其适合小学生及初一学生C++编程入门学习之用。

教师在使用本书开展信息学辅导时，建议注意把握知识的难度和呈现方法，根据学生掌握的情况对编程知识进行适时归纳、补充和拓展，要灵活运用本书，切勿让学生死记硬背语法知识。教学的重点应放在对问题的理解、分析、解法设计和编程实现上，这样才能真正培养学生的能力。

由于改编时间仓促和编者水平有限，书中难免存在错漏之处，还恳请广大读者批评指正。

编　者

2017年2月

目 录

第一单元　IT风云榜 …………………………………………（1）

- 第1课　世界首富——比尔·盖茨 ……………………………（1）
- 第2课　阿里巴巴的商业帝国 …………………………………（9）
- 第3课　不可忘怀的金山软件 …………………………………（15）
- 第4课　联想——全球PC之最 …………………………………（21）
- 第5课　苹果引领新潮流 ………………………………………（29）
- 第6课　如日中天的腾讯 ………………………………………（36）
- 单元知识导览 …………………………………………………（45）
- 轻松过关 ………………………………………………………（51）

第二单元　电脑神算子 …………………………………………（55）

- 第7课　换算能手 ………………………………………………（55）
- 第8课　考考你四则运算 ………………………………………（64）
- 第9课　图形多奇妙 ……………………………………………（72）
- 第10课　木匠的烦恼 …………………………………………（81）
- 第11课　美丽的统计图 ………………………………………（91）
- 单元知识导览 …………………………………………………（100）
- 轻松过关 ………………………………………………………（104）

第三单元　家庭总动员 …………………………………………（108）

- 第12课　小冬冬一家子 ………………………………………（108）
- 第13课　齐齐量身高 …………………………………………（119）
- 第14课　我和妈妈去购物 ……………………………………（130）
- 第15课　做个小管家 …………………………………………（140）
- 单元知识导览 …………………………………………………（152）
- 轻松过关 ………………………………………………………（157）

第四单元　快乐体艺节 ……………………………………………………（162）

- 第 16 课　记录比赛成绩 ………………………………………………（162）
- 第 17 课　算出团体总分 ………………………………………………（171）
- 第 18 课　神奇的字母计数器 …………………………………………（187）
- 第 19 课　节约用电 ……………………………………………………（197）
- 单元知识导览 …………………………………………………………（206）
- 轻松过关 ………………………………………………………………（208）

第五单元　编程实战 ………………………………………………………（212）

- 第 20 课　寻找亲和数 …………………………………………………（212）
- 第 21 课　选班长 ………………………………………………………（220）
- 第 22 课　加法小神童 …………………………………………………（229）
- 第 23 课　百钱买百鸡 …………………………………………………（239）
- 第 24 课　兔子繁殖 ……………………………………………………（245）

附录 ………………………………………………………………………（251）

- 1. 数制及其转换 ………………………………………………………（251）
- 2. C++ 部分保留字 ……………………………………………………（254）
- 3. ASCII 码表 …………………………………………………………（255）
- 4. 编程知识速查表 ……………………………………………………（256）

第一单元　IT 风云榜

第 1 课　世界首富——比尔·盖茨

你知道自 1995 年以来已 22 年雄居《福布斯》全球富豪排行榜前列的人是谁吗？他就是微软公司创始人、前董事长比尔·盖茨。他被誉为电脑奇才、20 世纪最伟大的计算机软件行业巨人。

比尔·盖茨自小酷爱数学和计算机，在中学时就已成为有名的"电脑迷"。1975 年 1 月，他与好朋友艾伦在哈佛大学的阿肯计算机中心没日没夜地干了 8 周，为世界上最早的微型计算机 Altair 配上 Basic 语言。随后还创立了微软公司，盖茨领导开发了多种功能强大的软件，成为计算机软件的全球霸主，并最终登上全球首富的宝座。

人物小档案

姓名：比尔·盖茨(Bill Gates)
国籍：美国（America）
任职公司：微软（Microsoft）
拥有资产：810亿美元（2016年）

● 计算机程序

除了 Basic 语言，科学家们还发明了诸如 C++ 等许多其他计算机语言，我们可以用它编写程序指挥计算机工作。例如，下面是一个用 C++ 语言所编写的计算机程序。

```
//程序 P1_1
#include <iostream >
using namespace std;
int main ()
{
    cout < < "Bill Gates " < < endl;      //显示比尔·盖茨的英文姓名，并
                                          //换行
    cout < <810 < < endl;       //显示比尔·盖茨拥有的资产数额，并换行
```

```
    return 0;
}
```

计算机运行这个程序后,便能在屏幕上显示比尔·盖茨的姓名和资产。

● 编辑和执行程序

Dev-C++ 是 Windows 环境下的一个 C++ 的集成开发环境(IDE),我们可以进行编辑、调试程序,并把程序编译成可执行文件。

那么,如何在 Dev-C++ 中进行编辑、调试和执行程序呢?

1. 启动 Dev-C++

双击桌面上的 Dev-C++ 图标,或通过"开始"菜单打开 Dev-C++ 程序,就能启动 Dev-C++。接着在 Dev-C++ 环境中打开菜单"文件→新建→源代码",就可以得到一个程序编辑窗口,如图 1 – 1 所示。

图 1 – 1

2. 编辑程序

我们可以在程序编辑窗口中输入 C++ 程序,检查和修改错误,如图 1 – 2 所示。

图 1 – 2

3. 保存程序

编辑程序时要养成及时保存的好习惯，保存后我们会发现 C++ 源程序文件的扩展名为".cpp"，保存程序的方法如图 1-3 所示。

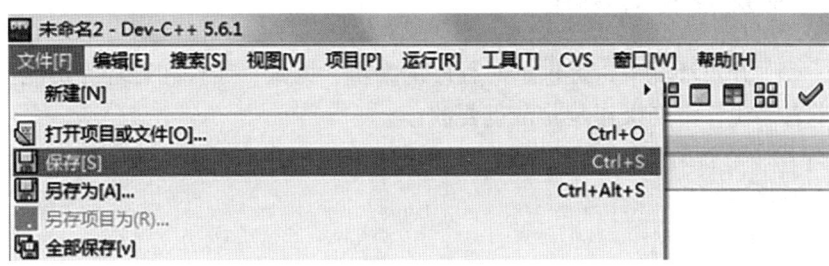

图 1-3

4. 打开程序

要将已保存的源程序调出来进行修改和调试，可使用工具栏中的 或"文件"菜单中的"打开项目或文件"选项。

5. 编译以及运行程序

当程序编辑完成并检查无误后，就可以执行"编译"命令完成编译。正常编译后的程序，可以通过"运行"命令来执行它，也可以通过执行"编译运行"命令，在编译完成后马上自动执行程序，如图 1-4 所示。

如果编译出错，就说明程序的编写有语法错误，应重新检查更正；如果运行结果与实际应得的结果不同，说明程序的处理过程和方法错误，应重新设计正确的过程与方法。

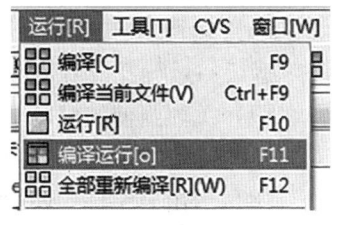

图 1-4

（1）试把鼠标指向 Dev-C++ 窗口的工具栏，找出下列按钮的名称。

（2）新建一个 Dev-C++ 程序编辑窗口，输入图 1-2 中的程序，体验编辑、保存、编译、运行的过程，并看看会有什么结果。（用文件名"P1_1.cpp"保存）

● Dev-C++ 最常用的操作

在 Dev-C++ 开发环境中，提供了对程序的编辑、调试、运行和管理等功能。对初学者来说，下列操作是非常重要的：

（1）打开一个新的窗口，可在该窗口中编辑新的程序。

文件→新建→源代码。

（2）输入和修改程序。

编辑程序时，可用方向键移动光标，用［Delete］或［Backspace］键可删除错误的字符。

（3）把当前程序保存到计算机的磁盘中。

文件→保存（或文件→另存为）。

（4）把保存在计算机磁盘中的程序调出来。

文件→打开项目或文件。

（5）编译程序。

运行→编译。

（6）运行当前窗口中的程序。

运行→运行（或者按快捷键 F11 也可编译运行程序）。

（7）关闭当前的窗口。

文件→关闭（或窗口→全部关闭）。

（8）退出 Dev-C++ 环境。

文件→退出。

● C++ 程序的结构

C++ 程序的基本结构是怎么样的呢？我们以程序 P1_2 为例来加以说明。

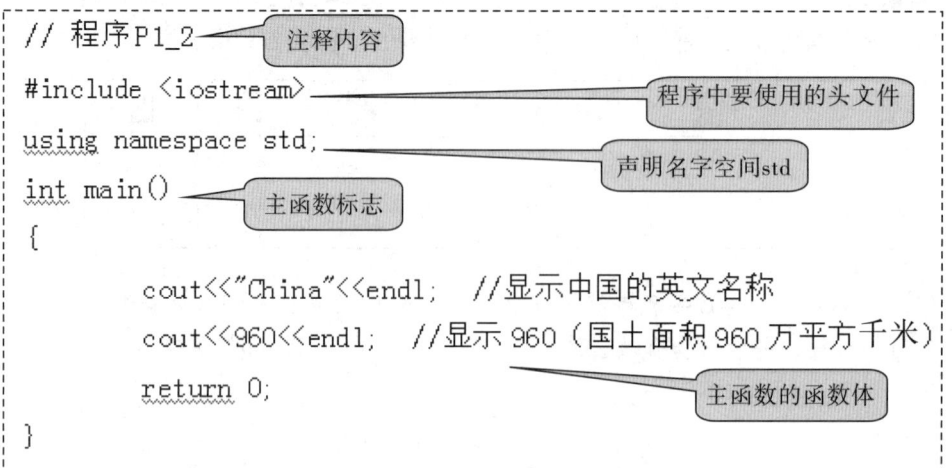

图 1-5

如图1-5所示，一个C++程序一般包括以下几部分。

（1）#include <iostream>：指定要使用的头文件"iostream"。在C++中，有些指令需要从特定的"头文件"中调用，比如说上述程序中的cout指令，它的执行代码实际上是存放在名为"iostream"的头文件里，所以在程序的开头要用一个语句#include <iostream>把这个头文件包含进来，告诉计算机"我下面的程序要用iostream里面的内容"，这样才不会出错。除了iostream以外，还有很多不同的头文件，这里暂不一一说明。

（2）using namespace std：此语用于声明名字空间，具体含义我们暂时不去理它，只需要记住每次都要在头文件后（即#include下面）加上这一句话就行了。

（3）int main()：这是C++程序的主函数标志，每一个C++程序有且只有一个主函数，C++程序总是从主函数中的第一条语句开始执行。

（4）函数体：函数的具体内容被称为函数体，用一对大括号"{"和"}"括起来，函数体由一些相关定义、声明和若干条语句构成。主函数函数体中的最后一个语句必须是"return 0;"，表示程序正常结束，返回一个"0"给计算机。

（5）//：这是注释符号，用于注释说明，它不是程序中的必需内容，计算机也不会执行。如果要对程序或语句进行注释以增强程序的可读性，可以先输入"//"，然后在其后输入要注释说明的内容。

在编写程序时还要注意的是：

（1）除了#include及类似int main()的函数定义外，每一句话后面要加分号。

（2）程序中除编程者自行定义的各种名称和数据可以有大写字母外，C++中的语句均要用小写字母。

动脑心想 观察程序P1_2，如果要保留但又不想让计算机执行"cout << 960 << endl;"这一句，应如何修改程序？

探索奥秘

【例】请结合实例说说运用计算机编写程序解决问题的基本步骤是怎样的。

【答】计算机的神奇之处，就是能按我们编写的程序进行工作，帮助我们解决各种问题。下面以显示比尔·盖茨的人物小档案为例，说说编写程序解决问题的基本步骤。

1. 分析问题

在比尔·盖茨的人物小档案中，包括了姓名、国籍、任职公司和拥有资产四项内容，为了简化，现在只需让计算机显示如下的内容：

```
Bill Gates
America
Microsoft
810
```

那么如何让计算机执行程序后显示出这四行内容,就是我们要解决的问题。

2. 设计算法

我们可以先显示第一行的"Bill Gates",再显示第二行的"America",然后显示第三行的"Microsoft",最后显示第四行的"810"。

3. 编写程序

要显示每一行的内容,就需要使用到 C++ 中的输出语句。

根据 C++ 程序的基本结构要求,我们可以编写出按先后显示人物小档案中四行内容的程序。

```cpp
//程序 P1_3
#include<iostream>
using namespace std;
int main()
{
    cout<<"Bill Gates"<<endl;    //显示第一行内容"Bill Gates"
    cout<<"America"<<endl;       //显示第二行内容"America"
    cout<<"Microsoft"<<endl;     //显示第三行内容"Microsoft"
    cout<<810<<endl;             //显示第四行内容"810"
    return 0;
}
```

4. 调试程序

程序在纸上编写好后,我们就要在语言环境中进行编辑和调试,找出程序中的错误,直到程序满足解题要求为止。在这一步骤中,我们一般要完成以下操作:

(1) 打开 Dev-C++,新建一个程序编辑窗口或打开已保存过的程序。

(2) 编辑(输入和修改等)程序。

(3) 将编辑好的程序用有一定含义的文件名保存到指定的文件夹中。

(4) 执行"编译"命令,把源程序编译成可执行的 exe 程序文件。当程序有书写错误时,将不能编译成功,需要重新修改程序。

(5) 执行"运行"命令,查看输出结果是否正确,如果不正确就要再修改程序,确保程序正确后,就可以保存最新程序,然后退出 Dev-C++ 环境。

上述步骤(2)~(5)往往需要反复进行,最终才能获得满意的程序。

请在 Dev-C++ 中编辑以上程序,并另存为文件名"xda.cpp",再执行编译、运行查看结果是否正确。

(1) 按表 1–1 的要求修改程序 P1_1 并运行，观察会产生什么现象？

表 1–1

序号	删改要求	运行程序产生的现象
1	删去 "//" 及其后面的内容	
2	删去 "#include <iostream>"（运行后加回）	
3	将 "using namespace std;" 中的 "std" 改为 "sty"（运行后改回）	
4	删去 "｛"（运行后加回）	
5	删去语句 "cout << "Bill Gates" << endl;" 中的第一个 "<<"（运行后加回）	
6	删去 "return 0" 后的 ";"（运行后加回）	

(2) 请根据 C++ 程序的基本组成，指出以下程序中有哪些头文件？哪部分是主函数的函数体？注释的内容是什么？

```
//显示我的姓名和年龄（程序 T1_2）
#include <iostream>
#include <string>
using namespace std;
int main ()
{
    string xm = "My name is LiPing";
    cout << xm << endl;
    cout << "I am 12 years old" << endl;
    return 0;
}
```

(3) 在 Dev-C++ 环境中完成以下程序的编辑、保存和编译运行，进一步体验程序的基本结构和功能。

①	②

// 程序 T1_3 (1)
#include <iostream>
using namespace std;
int main ()
{
   cout << 10 << " + " << 20 << " = ";
   cout << 10 + 20 << endl;
   return 0;
}
	// 程序 T1_3 (2)
	#include <iostream>
	using namespace std;
	int main ()
	{
	   int x = 10, y = 20;
	   cout << x << " + " << y << " = ";
	   cout << x + y << endl;
	   return 0;
	}

本程序的运行结果：	本程序的运行结果：

（4）在本课的程序中已经多次出现过"cout"，你知道这是什么语句吗？如果要将程序 P1_2 改为显示广东的英语名称（Guangdong）和面积（18万平方千米），可以如何修改？

（5）伟大的史蒂夫·乔布斯是苹果公司的联合创办人之一，他让苹果智能产品引领了全球科技潮流，使人们的生活方式发生了革命性的变化。2016年8月，苹果公司的市值已达5 877亿美元，将很有机会在若干年后突破1万亿美元大关。请你试编一个程序，显示以下内容：

```
SteveJobs
Apple
iPhone
5877
```

第 2 课 阿里巴巴的商业帝国

淘宝、天猫、支付宝等近年出现的新事物，同学们肯定都接触不少，这些是由马云创建的阿里巴巴集团打造出来的互联网产品，它们彻底改变了我们的购物方式，改变了我们的生活。

阿里巴巴小资料
创立时间：1999年
用户数：7 500万人
收入情况：2013财政年度345亿元，2014财政年度525亿元，2015财政年度765亿元。（资金单位：人民币）

阿里巴巴于1999年创立了一家中国电子商务网站，很快成为中国厂商向世界各地销售产品的平台。目前阿里巴巴在240个国家有超过7 500万用户，成为中国最大的网络公司和世界第二大网络公司，公司创始人马云2017年个人资产估值为300亿美元（约合人民币2 000亿元）。

● 显示阿里巴巴小资料

要按如下的格式显示阿里巴巴的部分小资料：

> Founding time：1999
> Users：75 million（这个单词是"百万"的意思）

程序可写为：

```
//程序 P2_1
#include <iostream>
using namespace std;
int main ()
{
    cout << "Founding time:" << 1999 << endl;
    cout << "Users: " << 75 << " million" << endl;
    return 0;
}
```

在上述程序中，使用了两个 cout 语句，其中 cout << "Founding time:" << 1999 << endl 将在同一行中从左到右先后输出"Founding time:" "1999"并换行，语句 cout << "Users: " << 75 << " million" << endl 在第二行从左到右先后输出"Users:" "75" 和

"million"并换行,从而得出所要的结果。

若要在输出第一行内容后,再隔一个空行才输出第二行内容,程序 P2_1 该如何修改?请试一试。

● 算算阿里巴巴近 3 年的总收入

用人工计算的方法不难算出,阿里巴巴近 3 年的总收入为 345 + 525 + 765 = 1 635(亿元)。如果要编程来计算,程序应如何编写呢?我们看看程序 P2_2:

```
// 程序 P2_2
#include<iostream>
using namespace std;
int main ()
{
    cout<<"------Total revenue------"<<endl;
    cout<<"           "<<345+525+765<<endl;
    return 0;
}
```

它的输出结果将是:

```
------Total revenue------
           1635
```

输出结果中的 1 635 是怎么产生的?为什么不是在最左端显示呢?

将上述程序中的语句 cout<<"   "<<345+525+765<<endl 改为 cout<<"345+525+765 = "<<345+525+765<<endl 再运行,观察输出结果有什么变化。

● 输出语句 cout

"cout"是 C++ 语言中的输出语句,其实在前面的程序中都经常出现,这里我们再来归纳一下有关的知识。

格式:

cout＜＜输出项1＜＜输出项2＜＜…＜＜输出项n；

作用:输出输出项表中各项的值。

说明:

(1) 在输出语句"cout"中,不同的输出项之间用"＜＜"分隔开。

(2) 当输出项是一个具体数值或是用英文双引号引着的一串字符时,就会把内容直接输出;当输出项是式子时,就会先计算式子的值后再输出。

(3) 用"endl"来换行,"endl"可以作为输出项放在任何位置。

实例:

cout＜＜endl；　　//没有输出任何内容,只是光标换行

cout＜＜123＜＜endl；　　//输出"123"后换行

cout＜＜123＜＜456＜＜endl；　　//在同一行中显示"123456"后换行

cout＜＜123＜＜endl＜＜456＜＜endl；　　//分两行显示"123"和"456"

cout＜＜"American"＜＜endl；　　//输出一个字符串"American"并换行

cout＜＜"15 +27 = "＜＜15 +27＜＜endl；　　//先输出一个字符串"15 +27 =",再接着输出15 +27的结果42,并换行

【例1】写出语句 cout＜＜"1 +2 +3 +4 = "＜＜1 +2 +3 +4＜＜endl；的运行结果。

【分析】

(1) 因为双引号引着的内容会照原样输出,因此输出项"1 +2 +3 +4 = "不会做任何计算,直接输出这串符号,且光标停留在" = "后:

1 +2 +3 +4 = _

(2) 第2个输出项1 +2 +3 +4没用单引号引着,因此会先计算这个式子的值,再紧跟前一个输出内容右边输出式子的值10,然后光标才换到下一行左端。

【运行结果】

1 +2 +3 +4 =10

语句 cout＜＜"TS = "＜＜39＜＜" + "＜＜15＜＜" = "＜＜15 +39＜＜endl；输出的结果是什么?

【例2】试分析以下两个程序为什么能输出相同的结果。

```
// 程序 P2_3
#include <iostream>
using namespace std;
int main ()
{
    cout << "Time:" << 7 << " years" << endl;
    cout << "Money:" << 100 << " million" << endl;
    return 0;
}

// 程序 P2_4
#include <iostream>
using namespace std;
int main ()
{
    cout << "Time:" << 7;
    cout << " years" << endl;
    cout << " Money: " << 100;
    cout << " million" << endl;
    return 0;
}
```

【分析】

（1）根据输出语句的特点，程序 P2_3 第 1 个输出语句会显示以下内容，并且光标换到下一行，准备下一个输出。

```
Time:7 years
_
```

而程序 P2_4 第 1 个输出语句在输出"Time:7"后光标不换行，当再执行到第 2 个输出语句时，会在右边继续显示"years"后，光标才换行。

```
Time:7 years
_
```

根据以上分析，程序 P2_3 第 1 个输出语句的结果与程序 P2_4 前两个输出语句的结果完全一样。

（2）同理分析得知，程序 P2_3 第 2 个输出语句与程序 P2_4 的第 3～4 个输出语句的输出结果也是完全一样的。

【例3】已知小雄的书包中放了 3 本书、5 本作业本和 2 支笔，你能编写一个程序让

第一单元　IT风云榜

计算机算算小雄的书包中共有多少件学习用品吗？请按以下格式输出结果。

```
shu zuoyeben bi zongshu
3   5   2   10 （学习用品总数要计算后输出，输出时注意要用空格隔开）
```

【分析】

（1）第一行内容是已知的一串字母（含空格），因此用双引号引着输出。语句为：

　　　　　　　cout＜＜"shu zuoyeben bi zongshu"＜＜endl;

（2）第二行前三个数都是整数，为了对齐上一行中的栏目位置，可以分两项输出，第一项输出中通过加插空格输出"3　　5　　2　　"；而第二个输出项应为"3＋5＋2"所计算出来的学习用品总数。输出第二行的语句可写为：

　　　　　　　cout＜"　3　　5　　2　　"＜＜3＋5＋2＜＜endl;

【参考程序】

```
// 程序 P2_5:
#include <iostream>
using namespace std;
int main ()
{
    cout<<"shu zuoyeben bi zongshu"<<endl;
    cout<<"  3    5    2    "<<3+5+2<<endl;
    return 0;
}
```

解决问题的办法总是很多的。你能写出与程序 P2_5 不同的其他程序，来帮小雄算出书包中学习用品的数量吗？

(1) 小李同学编写了一个解决以下问题的程序,你能帮他补充完整吗?

问题:去年春节收到压岁钱 125 元,今年春节收到压岁钱 238 元,那么我近两年共收到多少压岁钱?结果要求按以下格式显示:125 + 238 = 总和。

程序:

```
//计算压岁钱(程序 T2_1)
#include _____
using namespace std;
int main ()
{
    cout << "125 +238 = " << _____ << endl;
    return 0;
}
```

(2) 严格按输出格式写出以下两个程序的运行结果。

①	②

//程序 T2_2 (1)
#include <iostream>
using namespace std;
int main ()
{
  cout << "I am" << endl;
  cout << " " << 9 << " years old" << endl;
return 0;
}
	//程序 T2_2 (2)
	#include <iostream>
	using namespace std;
	int main ()
	{
	  cout << "7 * 9 =";
	  cout << 7 * 9 << endl;
	  cout << " " << 8 * 9 << endl;
	  return 0;
	}

本程序的运行结果:	本程序的运行结果:

(3) 参照以下例子,编写一个程序显示你及家人的姓名(拼音)和年龄。

    (爸爸) (妈妈) (自己)
    lixiong fangyi litong
     35   34   10

(4) 食品店运来 410 千克鸡蛋,上午卖出 152 千克,下午卖出 174 千克,还剩多少千克?请编一个程序求出结果。

(5) 比尔·盖茨的智能豪宅拥有多种生活场所,其中:

游泳池:5 米 ×18 米   健身设施:232 平方米
图书馆:195 平方米   主饭厅:93 平方米
会客厅:214 平方米   运动楼:84 平方米

请编程序计算这些生活场所的总面积,并按以下格式显示:Zmji = 总面积。

第3课 不可忘怀的金山软件

金山软件公司（Kingsoft）目前在全球范围内拥有约4 000名员工，并在北京、珠海、成都、大连及广州等地分设研发中心，在北美、欧洲、日本、马来西亚及中国的香港和台湾地区等市场享有重要的市场份额。

金山软件是国内最早的互联网软件企业之一，当年的WPS文字处理软件曾风靡一时，目前的WPS Office、金山词霸、金山快译、金山毒霸等软件仍然为我们提供着不可或缺的软件服务。

你想知道"WPS"这串英文字母中隐藏的奥秘吗？

● 神秘的编码

计算机中有什么神秘的编码？我们用程序来帮忙找找。

```
//程序 P3_1
#include<iostream>
using namespace std;
int main()
{
    cout<<(int)('W')<<endl;
    cout<<(int)('P')<<endl;
    cout<<(int)('S')<<endl;
    return 0;
}
```

程序运行后，将输出如下的结果：

87
80
83

事实上，87，80和83分别是字符'W'，'P'和'S'在计算机中的神秘编码。
我们再来看看下面这段程序，它的运行结果又是什么呢？

```
//程序 P3_2
#include<iostream>
using namespace std;
```

```
int main ()
{
    cout<<(char)(87)<<(char)(80)<<(char)(83)<<endl;
    return 0;
}
```

原来,这个程序的输出结果如下:

```
WPS
```

对比程序 P3_1 与 P3_2 及它们的输出结果,你有什么发现吗?

● 字符 char

在生活里,我们把许多事物进行分类。比如篮球、足球、羽毛球,都属于球类;裙子、T-shirt、牛仔裤都属于衣服。而在计算机里,我们也把数据进行分类,每一种数据都有自己对应的数据类型。字符类型就是其中的一种。比如像'A'、'B'、'#'、'^'、'8'、't'等用英文单引号引着的单个符号,就叫作字符。

在 C++ 编程中,有时需要先把要处理的具体字符存放到一个字符类型的变量中,再引用该变量进行处理。

如何定义字符变量呢?

格式:

char 字符变量1,字符变量2,…;

作用:将一个或多个变量定义为字符型变量,以便于存放单个的字符。

说明:

(1) 变量是用于存放数据的,详细内容我们在后面再学习。

(2) 定义字符变量必须使用标识符"char"开头。

(3) 一次可以定义多个字符变量,变量名之间用逗号","隔开。

实例:

(1) char py;   // 定义一个字符变量 py,可以存一个字符。

(2) char t1, t2, fn;   // 定义三个字符变量 t1、t2 和 fn,可以存三个字符。

(3) 以下程序段 1 与程序段 2 的输出结果是相同的。

程序段1:

char zf;   // 定义字符变量 zf

zf = 'B';   // 将字符'B'存入变量 zf 中（类似于将一根笔芯装进一支笔中）
cout << zf << endl;   // 输出 zf 中存放的内容

程序段 2：

cout << 'B' << endl;   // 输出'B'

试分别将上述两个程序段补充完整，分别执行后看看输出的结果是否相同。

● ASCII 码

计算机中所有的字符都有一个唯一的内部编码，其中最常用的是一种叫 ASCII 码的内部编码，各种字符的 ASCII 码如表 1-2 所示。

表 1-2 部分字符的 ASCII 码

大写字母	A	B	C	D	E	F	G	H	I	J	K	L	M
ASCII 码	65	66	67	68	69	70	71	72	73	74	75	76	77
大写字母	N	O	P	Q	R	S	T	U	V	W	X	Y	Z
ASCII 码	78	79	80	81	82	83	84	85	86	87	88	89	90
小写字母	a	b	c	d	e	f	g	h	i	j	k	…	z
ASCII 码	97	98	99	100	101	102	103	104	105	106	107	…	122
数字及其他	0	1	2	3	4	5	6	7	8	9	:	;	…
ASCII 码	48	49	50	51	52	53	54	55	56	57	58	59	…

字符的 ASCII 码是有一定规律的，你能从表中找到规律吗？

● 求字符的 ASCII 码

在 C++ 中，通过强制类型转换的方式可求出一个字符对应的 ASCII 码。

格式：

(int)（字符）

作用：将其他类型数据强制转换成整型数，这里实际上就是求出字符对应的 ASCII 码。

说明：要求出字符的 ASCII 码，括号中必须用英文单引号引着一个字符。

实例：

（1）cout <<（int）（'A'）；   // 将会输出 65

（2）cout <<（int）（'9'）；   // 将会输出 57（为什么不是输出 9？）

● 求ASCII码对应的字符

格式：
（char）（ASCII码）

作用：将其他类型数据强制转换成字符型，这里实际上就是要求出ASCII码对应的字符。

说明：上述格式中，ASCII应该是有效范围内的整数。

实例：
（1） cout <<（char）(65); // 将会输出'A'
（2） cout <<（char）(100); // 将会输出'd'

● 求前趋或后继字符

所有字符都是有顺序的，ASCII码小的字符排在前面，ASCII码大的字符排在后面。

求前趋字符：把这个字符加1，例如（char）('A'+1)，就会得到字符'B'。

求后继字符：把这个字符减1，例如（char）('B'-1)，就会得到字符'A'。

【例1】试分析语句 cout <<（int）('M');的执行过程。

【分析】

cout <<（int）('M');是一个输出语句，输出项只有一个（int）('M')，我们可以把它看作是一个式子，这个语句将会先求出式子的值，再显示该值。

过程分解如下：

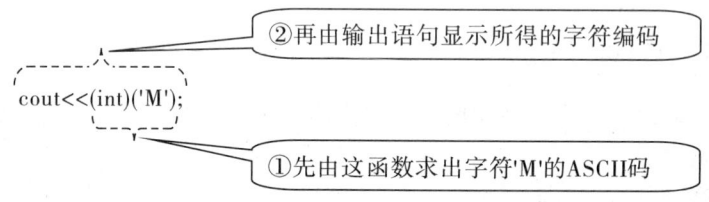

图 1-6 输出语句的执行过程示例

修改程序 P3_2，显示金山公司名称"Kingsoft"中所有字符的ASCII码。

【例2】编一个程序，对"King"进行加密。加密的方法是：取"King"中每一个字母的ASCII再加5，作为该字母对应的密码。

【分析】

（1）利用前述强制类型转换的方法得到每个字母的ASCII码。

(2) 将所求得的每个字母的ASCII码加5再输出,就能生成一串数字化密码。

【参考程序】

```
// 程序 P3_3
#include <iostream>
using namespace std;
int main ()
{
    cout << (int) ('K') +5;
    cout << (int) ('i') +5;
    cout << (int) ('n') +5;
    cout << (int) ('g') +5 << endl;
    return 0;
}
```

你能把程序P3_3改写为只用一个输出语句就能输出全部结果吗?

【例3】如果你只记得第一个大写英文字母是"A",而后面的25个英文大写字母都忘记了,你怎么办?能让计算机帮你找找吗?

【分析】

(1) 在C++程序中,可以通过(char)('A'+1)求出'A'后的第1个大写字母,通过(char)('A'+2)求出'A'后的第2个大写字母,……依此类推可求出'A'后的第25个大写字母。

(2) 我们可以先编写出一个求出'A'后第1个大写字母的完整程序,运行后输出这个字母;然后再修改程序并运行求出'A'后第2个大写字母;……依此类推。

【重要语句】

输出'A'后第1个大写字母的语句为:"cout << (char) ('A'+1) << endl;"。

展示实力

(1) 写出下列字符的 ASCII 码。(提示:如果记不起来可以编个程序来帮忙)

A____ B____ Y____ Z____ a____ b____ y____ z____

0____ 1____ 9____ +____ -____ $____ (____ <____

(2) 写出下列程序的运行结果。

①
//程序 T3_2 (1)
#include <iostream>
using namespace std;
int main ()
{
  cout<<19;
  cout<<(int)('b');
  return 0;
}
	②
	//程序 T3_2 (2)
	#include <iostream>
	using namespace std;
	int main ()
	{
	  cout<<(char)(66)<<(char)(101)<<(char)(105)<<endl;
	  cout<<"Jing"<<endl;
	  return 0;
	}

本程序的运行结果:	本程序的运行结果:

(3) 编程序对你自己的姓名进行加密。加密的方法是:取姓名每一个字母的 ASCII 码再加 7,作为该字母对应的密码。

(4) 编程序求出金山公司名称"Kingsoft"中各个字符对应 ASCII 码之和。

(5) 编程序找出以下各字符的前一个字符和后一个字符分别是什么?

          'B'   'E'   'G'   'J'

要求每行输出一个字符的前一个字符、该字符和它的后继字符,如第一行应为:

    ABC

(6) 假设一个储物柜 S 中有很多格子,每格都编上一个不同的编号。已知编号为 65,66,67 和 68 的格子中分别保存着标记为 A,B,C 和 D 的宝物。

65	66	67	68
A	B	C	D

如果用 S[65] 表示编号为 65 的格子中的宝物,你知道其余几种宝物该如何表示吗?

第 4 课 联想——全球 PC 之最

联想在中国几乎是无人不知、无人不晓的。1984年，柳传志带领中国科学院计算技术研究所的 10 名科技人员，携 20 万元人民币一手创办了联想集团。目前，联想集团（Lenovo）已成为全球最大的 PC 企业之一，智能手机业务和 x86 服务器业务分别位列全球第三，客户遍布全球 160 多个国家，在全球开发、制造和销售可靠、优质、安全易用的技术产品及提供优质的专业服务。

在编程中，凡是表示名称的数据我们通常都把它当作字符串来看待。那么我们能对字符串进行处理吗？可以对它进行哪些处理呢？

● 测测 Lenovo 的长度

字符串的长度是怎么算的呢？我们先来看以下程序：

```cpp
//程序 P4_1
#include <string>
#include <iostream>
using namespace std;
int main()
{
    string name = "Lenovo";
    cout<<name.size()<<endl;
    return 0;
}
```

程序 P4_1 的输出结果是：
6

在程序 P4_1 中：

（1）name 是一个字符串变量，在程序中通过 string 来指定这个变量的类型，然后把实际的内容"Lenovo"保存到变量 name 中。

（2）size() 是一个测量字符串长度的函数。通过 name.size() 就可以知道变量 name 中实际内容包含多少个字符，也就是字符串的长度。

（3）通过 cout<<name.size()<<endl 把这字符串变量 name 中内容的长度输出。

● 比较 Lenovo 和 IBM 谁 "大"

我们知道数值是可以比较大小的，那么字符串"Lenovo"与"IBM"能分出大小吗？

```cpp
//程序 P4_2
#include <iostream>
using namespace std;
int main ()
{
    string s1 = "Lenovo", s2 = "IBM";
    cout << "Max:";
    if (s1 > s2)
        cout << s1 << endl;
    if (s1 < s2)
        cout << s2 << endl;
    return 0;
}
```

说明：

s1 和 s2 是两个字符串变量，它们的内容分别是"Lenovo"和"IBM"。

（1）语句 if (s1 > s2) cout << s1 << endl 的意思是：如果"Lenovo"大于"IBM"，就输出"Lenovo"。

（2）语句 if (s1 < s2) cout << s2 << endl 的意思是：如果"Lenovo"小于"IBM"，就输出"IBM"。

程序输出结果表明，"Lenovo"大于"IBM"。

把程序 P4_2 中的"Lenovo"改为"Apple"再运行程序，"Apple"与"IBM"相比，哪个大呢？

● 字符串

在上一课中，我们介绍了一种叫作字符的数据类型，当由多个字符拼接成一串字符时，我们便称这一串字符为字符串。在 C++ 中，一个具体的字符串要用英文的双引号引着，例如"abc"，"hello"，"F"等都是一个具体的字符串，而'F'则是一个字符。

为了便于在程序中使用字符串，我们常常需要将具体的字符串内容放到一个字符串变量中保存起来，再引入该变量的名称进行处理，字符串变量在使用前应先进行定义，规定它为字符串变量。

例如，要将"hello"放入字符串变量 wh 中，然后再显示出来，程序段可写为：
程序段 1：
string wh；   // 定义变量 wh 是字符串变量，可以存放字符串数据
wh = "hello"； // 将具体的字符串内容"hello"存放到 wh 中（不包括双引号）
cout＜＜wh＜＜endl；

或

程序段 2：
string wh = "hello"；   // 在定义字符串变量 wh 的同时将"hello"存放到该变量中
cout＜＜wh＜＜endl；

上述两个程序段与语句 cout＜＜"hello"＜＜endl；的输出结果完全相同。

把上述程序段 1 和程序段 2 分别补充为完整的程序，然后分别运行看看它们的输出结果是不是一样。

● 测量字符串长度

格式：
字符串变量．size（）   或   字符串变量．length（）
作用：求出字符串中字符的个数。两者基本无区别。
例如：
对于 string s1 = "Lenovo"；   则 s1．size（）的值是 6。
对于 string s2 = "face"；   则 s2．length（）的值是 4。

● 比较字符串大小

比较字符串大小时，是按字符串中每个字符的 ASCII 码大小来比较，而不是以字符串长度来比较的。具体方法是：

（1）当两个字符串的第一个字符不同时，第一个字符的 ASCII 码大的字符串大。如字符串"Big"与"My"比较，因为′B′的 ASCII 码是 66，′M′的 ASCII 码是 77，因而"My"比"Big"大。

（2）当两个字符串前面对应位置的字符相同时，就比较后面同一位置的两个字符，字符 ASCII 码大的，字符串大。

如 "GOLD"与"GOOD"比较：

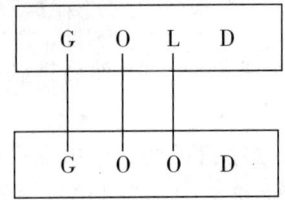

在字母表中 L 排在 O 前面，′L′比′O′小，因而"GOLD"比"GOOD"小。

（3）当一个字符串恰好是另一个字符串前面的一部分时，字符多的字符串大。

如：字符串"Windows"比"Wind"大。

● 字符串连接运算

可以通过"＋"将两个字符串连接为一个。（注意：它不是数值的相加）

string s1 = "Microsoft"，s2 = "word"；

如语句 cout＜＜s1＋s2＜＜endl 的显示结果为：

```
Microsoft   Word
```

● 条件语句

格式：

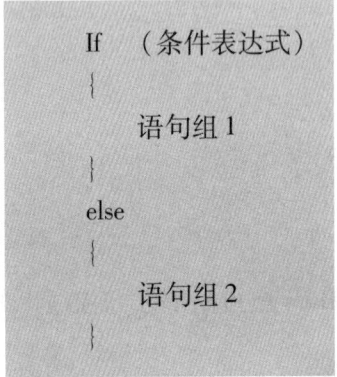

作用：当条件成立时执行语句组 1，否则执行语句组 2。

说明：当语句组中只有一个语句时，{ } 可省略；当 else 部分没有要执行的语句时，这部分也可省略不写。

实例：

（1）if（10＞3）cout＜＜"Yes"＜＜endl；执行时，因为 10＞3 这件事情是真的，将执行后面的 cout＜＜"Yes"＜＜endl；从而显示出"Yes"。

（2）if（100＝＝101）cout＜＜101＜＜endl；执行时，因为 100＝101 不成立，（在条件语句中，用＝＝判断是否相等）所以 cout＜＜101＜＜endl 没有执行。

（3）if（100＝＝101）cout＜＜101＜＜endl；else cout＜＜"different"＜＜endl；执行

时，因为 100 = 101 不成立，所以 cout << 101 << endl 没有执行，而执行了 cout << "different" << endl；所以显示出"different"。

【例1】试分析语句 if (20 < 18) cout << "Yes" << endl；else cout << "No" << endl；的执行过程。

【分析】

在语句 if (20 < 18) cout << "Yes" << endl；else cout << "No" << endl；中，因为"20 < 18"为假，因而执行 else 后的语句 cout << "No" << endl；再由该语句显示出"No"。

语句的执行过程如图 1-6 所示。

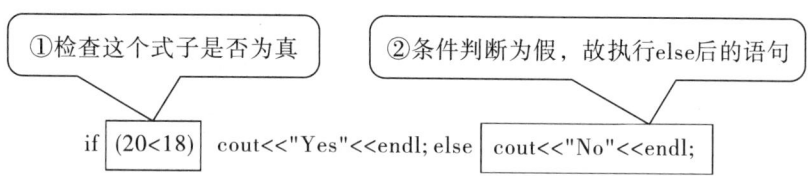

图 1-6 条件语句的执行过程示例

试分析语句 if (2 * 2 = =4) cout << 1；else cout < 2 < < endl；的执行过程。

【例2】写出下列程序的运行结果。

```
// 程序 P4_3
#include <iostream>
using namespace std;
int main ()
{
    int dm;      // 定义整数变量名 dm，用于存放字符't'的 ASCII 码
    string dxx;  // 定义字符串变量名 dxx，用于存放字母的状态"xiao xie"
    dm = (int) ('f');
    if (dm > 90)
    {
        dxx = "xiao xie";
        cout << dxx << endl;
    }
    return 0;
}
```

【分析】

（1）先通过 dm =（int）（'f'）；求出'f'的 ASCII 码，存放到变量 dm 中。

（2）执行 if 语句时，先看 dm >90 是否为真，因为'f'的 ASCII 码为 102，所以 dm 的内容为 102，故 dm >90 为真。

（3）因为 if 语句中的条件为真（成立的），所以接着执行后面的语句组。

{

    dxx = "xiao xie";

    cout < < dxx < < endl;

}

结果将显示出字符串变量 dxx 中的内容。

【结果】

```
xiao xie
```

【例3】写出下列程序的运行结果。

```
//程序 P4_4
#include <iostream>
#include <iomanip>
using namespace std;
int main()
{
    cout < < "Am PK am" < < endl;
    string s1 = "Am", s2 = "am";    //定义两个字符串变量 s1 和 s2，并存入
                                       具体内容
    if(s1 > s2)    //比较两个字符串变量中内容的大小
        cout < < s1 < < endl;
    else
        cout < < s2 < < endl;
    return 0;
}
```

【分析】

（1）语句 cout < < "Am PK am" < < endl；直接显示"Am PK am"。

（2）在执行 if 语句时，先比较"Am"与"am"的大小，因为"am"大，"Am" > "am"为假，因而执行 else 后的语句输出"am"。

【结果】

```
Am PK am
am
```

展示实力

（1）比较下列字符串的大小，并在横线上填上">""<"或"="。

MS - DOS _____ Windows   IE _____ Excel   FrontPage _____ Word

2000 _____ Win   excel _____ exercise   Power _____ Page

（2）写出下列程序的运行结果。

①
```
//程序 T4_2 (1)
#include <iostream>
#include <string>
using namespace std;
int main ()
{
  string s1 = "Word";
  cout << s1. size () << endl;
  string s2 = "IE";
  cout < 3 + s2. size () << endl;
  return 0;
}
```
本程序的运行结果：

②
```
//程序 T4_2 (2)
#include <string>
#include <iostream>
using namespace std;
int main ()
{
  string s = "Excel";
  if (s. size () >3)
    cout << "Long" << endl;
  return 0;
}
```
本程序的运行结果：

③
```
//程序 T4_2 (3)
#include <iostream>
using namespace std;
int main ()
{
  cout << "Big:" << endl;
  int c1 = 'T', c2 = 'D';
  if (c1 >c2)
    cout << "T>D" << endl;
  else
    cout << "T<D" << endl;
  return 0;
}
```
本程序的运行结果：

④
```
//程序 T4_2 (4)
#include <string>
#include <iostream>
using namespace std;
int main ()
{
  string s1 = "Gate";
  if (s1. size () >3)
    cout << ">3" << endl;
  int c1 = 'G';
  if (c1 >80) cout <<1 << endl;
  else
    cout <<2 << endl;
  return 0;
}
```
本程序的运行结果：

(3) 找出下列程序中的错误，并改正它。

①
```
//程序 T4_3 (1)
#include <iostream>
#include <string>
using namespace std;
int main ()
{
string s = "IE";
    cout << 3 + s.ssize () << endl;
    return 0;
}
```

②
```
//程序 T4_3 (2)
#include <iostream>
#include <string>
using namespace std;
int main ()
{
string s = "Powerpoint";
    if s.size () <3 cout << "<3"
<< endl;
    return 0;
}
```

③
```
//程序 T4_3 (3)
#include <iostream>
#include <string>
using namespace std;
int main ()
{
char ta = 65;
if (c == 'A') cout << "A" << endl;
else;
  cout << "OT" << endl;
    return 0;
}
```

④
```
//程序 T4_3 (4)
#include <iostream>
#include <string>
using namespace std;
int main ()
{
  int s1 = 'R';
  string s2 = "ST";
  if (s1 > s2) cout << endl
  return 0;
}
```

(4) 编个程序算算，下列微软公司的产品名称长度各是多少，总长度是多少。

　　　　　　　Access, Excel, FrontPage, Outlook

(5) 编程序比较你和爸爸的姓名（用拼音表示），要求将大的显示在前面，小的显示在后面。

(6) 已知以下两位同学的数学成绩，请你编程序比较两位同学的数学成绩，然后输出成绩较好那位同学的姓名。

　　Li Hong 的数学成绩：86.5。

　　Yu Dahai 的数学成绩：92。

第一单元　IT风云榜

第 5 课　苹果引领新潮流

在 2016 年《财富》世界 500 强排行榜中，苹果公司以 2 337 亿美元的营业收入，独霸 IT 类企业的龙头，列全球排行榜第 15 位。而同期的微软公司营业收入为 935 亿美元，列全球排行榜第 63 位。

由乔布斯创办的苹果公司，发展几经波折，最终以 iPhone、iPad 等智能时尚产品引领新潮流，获得重生与迅猛发展。

来源：财富中文网．http：// www.fortunechina.com/fortune500/c/2016－07/20/content_266955.htm

● 计算营业收入的差距

现在的苹果公司在营业收入方面抛离了微软多远呢？我们用程序来回答吧。

```
//程序 P5_1
#include <iostream>
using namespace std;
int main ()
{
    int p;        //定义变量p，用于存放整型数
    p=2337-935;   //2337减去935，结果存放到p中
    cout<<p<<endl;  //显示p中的数
    return 0;
}
```

程序的运行结果是：

```
1402
```

通过运行程序我们知道：2016 年苹果公司的营业收入比微软公司的营业收入多了 1 402 亿美元。

以下程序 P5_2 与程序 P5_1 都能得到完全相同的输出结果，你能说出语句"p=2337－935；"与"cout<<2337－935<<endl；"有什么不同吗？

```
//程序 P5_2
#include <iostream>
using namespace std;
int main ()
{
    cout < <2337 -935 < < endl;
}
```

● 变量和变量定义

在 C++ 中，一个确定的、具体的数据被称为常量。如 325，"Nanhai"，3.14 等，都是常量。

为了方便编程，我们还可以使用变量来存放数据。变量就相当于一个书包，不过这个"书包"中存放的"书"只是一个数据而已，变量的名称叫变量名。

变量在使用前必须先定义。

格式：

类型名　变量名1，变量名2，…变量名n；

作用：给变量命名，并指定它的数据类型。

说明：

（1）变量名可以由字母、数字或下划线构成，但第一个必须是字母。如 A，C12，Bj_1等都是合法的变量名。另外，C++语言本身已指定的有特别意义的名称不能作为变量名。

例如：前面我们遇到过的 include，using，main，iostream，cout，int，string，char 等都不能作为变量名使用。

（2）在命名变量名时，尽量使用有一定含义并比较容易记忆的名称。表示特定对象的变量通常可以用拼音或英文单词缩写来表示。

例如：用 nl 存放年龄的数据，用 sg 存放身高的数据，用 yw 存放语文成绩，等等。

（3）可以用一个类型名对多个变量同时进行定义。

例如：string xm1，xm2 的作用是定义 xm1 和 xm2 两个变量，它们的类型都是字符串，可以存放由多个字符组成的字符串。

（4）在进行变量定义时，还可以同时存入具体的数据。

例如：int yw = 100，sx = 98 的作用是定义两个整型变量 yw 和 sx，并分别将 100 和 98 存放到变量 yw 和 sx 中。

（5）在 C++ 中，有字符型（char）、整型（int）和单精度浮点型（float）等多种基本类型。一般地，变量要用于存放什么类型的数据，就要定义什么类型的变量类型。

● 赋值语句

格式：

变量名 = 表达式；　（其中"="称为赋值号）

作用：执行时，首先计算表达式的值，再将结果存放入变量中。

说明：

(1) 一个变量可以被重复多次赋值，它存放的数据以最新一次所赋的值为准。

(2) 在 C++ 中，变量定义和变量赋值是可以同时进行的。

(3) 赋值语句与输出语句都具有计算的功能，但计算结果的去向不同。

实例：

(1) 当执行 s = 3 + 9 时，会先计算出 3 + 9 的值 12，再将 12 存入变量 s 中。

```
           3+9  ⇨  12  ⇨  s
                          12
```

(2) 执行以下程序段后，第一次存入变量 s 的 3 将被第二次存入的 5 代替，故输出结果将是 5。

```
{
    s = 3; s = 5;
    cout << s << endl;
}
```

(3) 以下两个程序段的作用效果是一样的：

程序段 1：

　　int p1, p2, sv;
　　p1 = 5; p2 = 20;

程序段 2：

　　int p1 = 5, p2 = 20, sv;

(4) 表 1 – 3 是赋值语句与输出语句的比较，两者计算的结果去向不同。

表 1 – 3

赋值语句	输出语句
s = 2 * 215;	cout << 2 * 215 << endl;
2 乘以 215，结果 430 存进变量 s 中，但不显示该数 　　　　　　　　　s 　　2 * 215 = 430 => 430	先将 2 乘以 215，再将结果 430 在屏幕上显示出来，但不保存该数 显示结果： 　　　430

探索奥秘

【例1】程序 P5_3 执行后变量 xt，xy 和 sw 的值是多少？

```
// 程序 P5_3
#include <iostream>
#include <string>
using namespace std;
int main ()
{
    int xt, xy;      // 定义 xt, xy 是 int 类型的变量
    string sw;       // 定义 sw 是 string 类型的变量
        xt = 128;
    xy = xt * 2;     // 在编程中，用 "*" 表示乘法
    xt = xt + xy;
    sw = "Win";
    return 0;
}
```

【分析】

(1) 执行 xt = 128 时，将 128 放入变量 xt 中保存。

$$128 \Rightarrow \boxed{128}_{xt}$$

(2) 执行 xy = xt * 2 时，将 xt 中的值 128 乘以 2 得 256，再将 256 存入 xy 中。

$$\boxed{128}_{xt} \times 2 \Rightarrow 256 \Rightarrow \boxed{256}_{xy}$$

(3) 执行 xt = xt + xy 时，先将原来 xt 中的数 128 和 xy 中的数 256 相加得 384，再将 384 存入 xt 中，替换原来的数 128。

$$\boxed{128}_{xt} + \boxed{256}_{xy} \Rightarrow 384 \Rightarrow \boxed{384}_{xt}$$

(4) 执行 sw = "Win" 时，将 "Win" 存入 sw 中。

因此程序执行完成后，变量 xt，xy 和 sw 中分别存入了 384，256 和 "Win"。

以上程序执行后，屏幕上会显示出结果吗？为什么？

【例2】已知一个长方形的长和宽分别是 20 米和 10 米。请编程序计算该长方形的周长和面积。

【分析】

（1）由数学知识可知：假设长方形的长为 A、宽为 B、周长为 C、面积为 S，那么长方形周长 $C = 2 \times A + 2 \times B$，面积 $S = A \times B$。

（2）在这个题目中，长方形的长和宽都已给定，可以先将数存入变量 a 和 b 中。

（3）由周长公式和面积公式直接改写为两个赋值语句，就可计算长方形的周长和面积。

（4）最后输出周长和面积的值。

以上过程可以简单表示为：

给定长方形的长和宽→计算周长和面积→显示周长和面积。

【参考程序】

```
//程序 P5_4
#include <iostream>
#include <string>
using namespace std;
int main ()
{
    int a, b, c, s;
    a = 20; b = 10;        //一行可以写多个语句，但最好不要写太多
    c = 2 * a + 2 * b;     //计算周长
    s = a * b;             //计算面积
    cout << "C = " << c << "  S = " << s << endl;   //显示结果
    return 0;
}
```

将上述程序 P5_4 改写为计算长 519 米、宽 38 米的长方形的周长和面积。

展示实力

（1）指出下列哪些不能作为变量名使用，并说说理由。

　　Ty　age　ABC　endl　cout　+-d　p_12　succ2　string　x+y　w8n　k2

（2）指出下列语句的错误，并改正。

① win+3=50。

② x2="years"。（变量 x2 已定义为 int 类型）

③ ky="windows"-"dows"。（想取得除"dows"以外的那部分字符）

④ p1=p2=a×b。（想将 a×b 的值存入 p1 和 p2 两个变量中）

（3）下面是一个输出某个同学姓名、年龄、身高和总分的程序，请你将横线部分的内容补充完整，使其能顺利运行并输出所要的结果。

```
//程序 T5_3
#include<iostream>
#include<string>
using namespace std;
int main ()
{
    _____ xm = "CHEN HE";
    int nl =11, sg =130;   //变量 nl 用于存放年龄，sg 用于存放身高
    ____ yw, sx;   //yw 和 sx 分别是两个存放语文和数学成绩（整数）的变量
    float zf;
    yw =100; sx =98; zf =yw +sx;
    cout<<"姓名："<<xm<<endl;
    cout<<"年龄："<<nl<<"  身高："<<sg<<endl;
    cout<<"总分："<<zf<<endl;
    return 0;
}
```

（4）写出下列程序的运行结果。

①
```
//程序 T5_4 (1)
#include <iostream>
using namespace std;
int main ()
{
  int my; my = 16 - 3;
  cout << my << endl;
  return 0;
}
```
本程序的运行结果：

②
```
//程序 T5_4 (2)
#include <iostream>
using namespace std;
int main ()
{
  int n, v;
  n = 25; v = 5 * n;
  cout << "VP = " << v << endl;
  return 0;
}
```
本程序的运行结果：

③
```
//程序 T5_4 (3)
#include <iostream>
using namespace std;
int main ()
{
  int w1, w2;
  cout << "Enter:" << endl;
  w1 = 250; w2 = 295;
  if (w1 > w2) cout << w1 << endl;
  else
    cout << w2 << endl;
  return 0;
}
```
本程序的运行结果：

④
```
//程序 T5_4 (4)
#include <iostream>
using namespace std;
int main ()
{
  int k1, k2, fn;
  k1 = 219; k2 = 91;
  fn = k1 * 2 + k2;
  if (fn > 100) cout << fn << endl;
  return 0;
}
```
本程序的运行结果：

（5）分别编程求解下列问题。

①面包车限乘坐17人，5辆面包车最多可乘坐多少人？

②小军每分钟大约走65米，他从家到学校大约要走8分钟。他家离学校大约有多远？

③从键盘输入两个整数319和25，求它们的和。要求按如下格式输出结果：

$$319 + 25 = 344$$

④试量出电脑室中电脑台的长和宽，并根据电脑台的数量计算电脑台面的总面积。

第 6 课　如日中天的腾讯

QQ 和微信是我们再熟悉不过的即时通信软件了，你知道这两款软件是谁开发的吗？

由马化腾在 1998 年 11 月一手创办的深圳市腾讯计算机系统有限公司于 1999 年 2 月正式推出腾讯第一个即时通信软件，简称腾讯 QQ，2011 年 1 月又推出一个为智能终端提供即时通信的软件——微信（WeChat）。

目前，腾讯拥有中国最大的互联网注册用户群，是亚洲最大、世界排名第三的互联网即时通信服务商。

随着腾讯公司实力的快速增强，增值服务不断扩展，公司也获得了巨大的收益，从表 1-4 中可见一斑。

表 1-4　腾讯公司 2001—2014 财政年度营业收入一览表

年度	营业收入/亿元	收入增长额/亿元	收入增长率/%
2001	0.49		
2002	2.63	2.14	436.73
2003	7.35		
2004	11.44		
2005	14.26		
2006	28.00		
2007	38.21		
2008	71.55		
2009	124.40		
2010	196.46		
2011	284.96		
2012	438.94		
2013	604.37		
2014	789.32		

来源：腾讯财报。

那么如何编程序来算出营业收入增长额和增长率呢？

● 计算腾讯的营业增长额

2001年以来的数据还真不少,用手工来算浪费时间,能用程序来解决这个问题吗?
我们试用程序P6_1求出从2002年起的营业收入增长额:

```
//程序P6_1
#include<iostream>
using namespace std;
int main ()
{
    double sr1, sr2, zze;
        //定义变量sr1和sr2,分别用于存放上一年和本年的营业收入
        //定义zze用于存放本年比上一年的收入增长额
    cout<<"sr1    sr2"<<endl;    //输入提示
    cin>>sr1>>sr2;    //要求从键盘输入上一年的收入和本年的收入
    zze=sr2-sr1;    //计算营业收入增长额
    cout<<"shou ru zeng zhang e:"<<zze;
    return 0;
}
```

运行上面程序时,在用户窗口第一行将提示输入sr1(上一年收入)和sr2(本年收入),光标将停留在第二行左端闪动,等待我们输入上一年和本年的收入金额。

```
sr1    sr2
0.49   2.63 (输入顺序是:上一年收入→空格 ,本年收入→按回车)
输出结果:
shou ru zeng zhang e:2.14
```

利用程序P6_1,算出表1-4中腾讯公司2002年以来的营业收入增长额,并将结果填入表中。(提示:每运行一次,就要输入上一年和本年的收入,两数值间用空格隔开)

● 输入语句cin

格式:

cin>>变量1>>变量2>>…>>变量n;

作用：用于输入数据，按顺序存放到指定的变量中。

说明：

（1）输入数据时，数值数据之间可用空格隔开，也可以每输入一个数值按一次回车。

（2）输入数据的个数必须与语句中的变量个数一致，输入数据的类型也要与变量的类型一致。

实例：当执行 cin＞＞t1＞＞t2＞＞t3；时，需要从键盘输入3个数据。表1－5中的四种输入方式都能把50，32和984分别存入变量 $t1$，$t2$ 和 $t3$ 中（见图1－7）。

表1－5

输入方式1	输入方式2	输入方式3	输入方式4
50 32 984	50 32 984	50 32 984	50 32 984

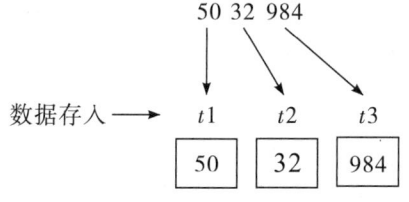

图1－7　输入数据图示

如果将上例中的语句 cin＞＞t1＞＞t2＞＞t3；改为：

　　cin＞＞t1；

　　cin＞＞t2＞＞t3；

效果是一样的

● 浮点数

在C++中，带有小数或超出整型变量可存放范围的数，我们称为浮点数。例如，5是整型数，5.0是浮点数。浮点数又分为单精度浮点型（float）、双精度浮点型（double）和扩展精度浮点型（long double），它们能够存放的数据大小范围不同。

浮点数变量如何定义呢，下面以双精度浮点型为例进行说明。

双精度浮点型变量的定义格式为：

double ＜变量名表＞；

由于双精度浮点型变量能存放的数据范围为1.7E－308～1.7E＋308，那么假如由"double r, s;"定义了两个双精度浮点型变量 r 和 s，那么这两个变量在程序中就能存入1.7E－308～1.7E＋308范围内的任何数。

● 除法与求余运算

在C++中，用运算符"/"代替数学中的"÷"号进行除法运算，C++中的除法运算又分为以下两种情形。

1. 整除运算

（1）运算符：/。

（2）运算结果：当被除数和除数都为整型数时，通过运算符"/"运算所得的结果为两个整型数除法的整数商。

例如：8/4的值是2，37/5的值是7。

2. 普通除法运算

（1）运算符：/。

（2）运算结果：当被除数和除数至少其中之一为浮点型数时，通过运算符"/"运算所得的结果为实际商（可能带小数）。

例如：10.0/4的值是2.5，15/2.0的值是7.5，95.28/5的值是19.056。

请说说下面程序段在执行后会输出什么内容。

    int a =38, b;
    double c =138.12;
    cin >>b;
    cout <<b/a <<endl;
    cout <<c/b <<endl;

（运行时输入b的值为100）

在C++中，有两种方法能求出两个整型数相除所得的余数。

3. 直接用求余运算求余数

（1）运算符:%。

（2）运算结果：用本运算符可以直接求出两个整型数整除所得的余数。

例如：50 % 7的值是1，30 % 6的值是0。

（3）注意：两个数不是整型数时，不能进行"%"运算。

4. 间接求余数

根据数学中求余数的公式"余数＝被除数－除数×商"也可以求出余数。

假设 a，b 分别为两个整型数，用 c 来存放 a 除以 b 所得的余数，那么这个余数的赋值语句该怎么写？

 探索奥秘

【例1】写出以下程序的运行结果。

```
//程序 P6_2
#include<iostream>
using namespace std;
int main()
{
    double x4,y;
    cin>>x4;
    y=x4*5;
    cout<<"Value=";
    cout<<y<<endl;
    return 0;
}
```

(运行时输入：13.7)

【分析】

(1) 执行 cin>>x4 时输入 13.7，程序将 13.70 存入变量 x4 中。

(2) 执行语句 y=x4*5 后，先计算出 13.70×5 的值 68.50，然后存入变量 y 中。

(3) 通过语句 cout<<"Value=" 显示出"Value="（但光标不换行）。

(4) 最后通过语句 cout<<y<<endl; 输出 y 的值 68.50 并换行。

【运行结果】

Value=68.50

【例2】执行程序 P6_3 后，变量 t1，t2 和 ret 中将被存入什么数？

```
//程序 P6_3
#include<iostream>
#include<string>
using namespace std;
int main()
{
    int t1,t2;
    string ret;    //声明 ret 为一个字符串
    cin>>t1>>t2;
    t1=t1+t2;
    ret="Out";
    cout<<t1<<endl;
    return 0;
}
```

(运行时分别输入 10 和 20)

【分析】

（1）执行 cin >> t1 >> t2；时，会等待从键盘输入数据，当分别输入 10 和 20 时，10 便被存入变量 *t*1 中，20 被存入变量 *t*2 中。

（2）执行 *t*1 = *t*1 + *t*2；时，先将原来 *t*1 中的数 10 和 *t*2 中的数 20 相加得 30，再将 30 存入变量 *t*1 中，替换原来的数 10。

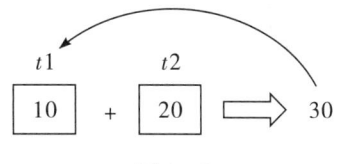

图 1 – 8

（3）执行 ret = "Out"；时，将"Out"存入字符串变量 *ret* 中。

因此程序执行完成后，变量 *t*1，*t*2 和 *ret* 中分别存入了 30，20 和"Out"。

要计算从键盘输入的三个数之和，怎样修改程序 P6_3 呢？

【例 3】求任意一个三位数的各位数字之和，并参照下表 1 – 6 的样例格式进行输入输出。

表 1 – 6

输入样例	输出样例
138	1 + 3 + 8 = 12

【分析】

（1）设这个三位数为 *a*，百位数字、十位数字和个位数字分别用整型的 *x*，*y* 和 *z* 存放，则：

z = a % 10;   //一个三位整数除以 10 的余数就是个位数字
y = (a/10) % 10;   //取得十位数字
x = a/100;   //一个三位整数除以 100 的整数商就是百位数字

还有其他的式子可以取得三位数的各位数字吗？

（2）题目要求对任意三位数进行处理，因而 *a* 的值不能在程序中直接写出，而要在程序运行时通过输入语句从键盘输入数据。

（3）输出中，"+"和"="是固定的输出内容，而其他是随输入的 *a* 值不同而变化的，因而这里要分成 7 个输出项输出。

【参考程序】

// 程序 P6_4

```
#include<iostream>
using namespace std;
int main ()
{
    int a, b, x, y, z;
    cin>>a;         //输入整数到 a 中
    z=a%10;         //求个位数字
    y=(a/10)%10;    //求十位数字
    x=a/100;        //求百位数字
    b=x+y+z;        //求三位数字之和
    cout<<x<<"+"<<y<<"+"<<z<<"="<<b<<endl; //按格式要求输出结果
    return 0;
}
```

如果把题目改为：将任意一个三位数的个位数字与百位数字交换位置，求所生成的新数（只输出新三位数）。你知道如何在程序 P6_4 的基础上进行修改吗？

展示实力

（1）写出下列式子的值。

12*3+6 =　　　　　54/9 =　　　　　45％4 =　　　　　98％10 =
30/3+2 =　　　　　(40％3)+5 =　　　(120％12)+12 =
(52/10)*10 =　　　(78/10)*10+(78％10) =

（2）要使以下表1-7程序运行后能显示出所示的结果，程序运行时应输入什么数据？

表1-7

程序	结果

//程序T6_2
#include <iostream>
using namespace std;
int main()
{
　char x, a, b, c;
　cin>>x;
　a=x; b=x+1; c=x+2;
　cout<<a<<b<<c<<endl;
　return 0;
}
	EFG
	
	（注：在C++中，当一个字符与一个整数k相加时，可以得到ASCII码比这个字符大k的另一个字符）

（3）写出下列程序的运行结果。

①	②

//程序T6_3(1)
#include <iostream>
using namespace std;
int main()
{
　double my;
　my=18/4-3;
　cout<<"my="<<my<<endl;
　return 0;
}
	//程序T6_3(2)
	#include <iostream>
	using namespace std;
	int main()
	{
	　int n, v;
	　cin>>n;
	　v=n％5;
	　cout<<"VP="<<v<<endl;
	　return 0;
	}
	（运行时输入：34）

本程序的运行结果：	本程序的运行结果：

续上

③

```
//程序 T6_3(3)
#include <iostream>
using namespace std;
int main()
{
    int w1, w2;
    cout << "Enter:" << endl;
    cin >> w1 >> w2;
    w1 = 0;
    w1 = w1 + w2;
    cout << w1 << endl;
    return 0;
}
```
(运行时输入：15，36)

本程序的运行结果：

④

```
//程序 T6_3(4)
#include <iostream>
using namespace std;
int main()
{
    int k1, k2;
    double fn;
    cin >> k1 >> k2;
    fn = k1/k2 + 2 * k2;
    cout << "Result:" << endl;
    if (fn < 7) cout << fn << endl;
        else cout << "fn >= 7" << endl;
    return 0;
}
```
(运行时输入：1，2 和 3)

本程序的运行结果：

（4）输入一个时间的秒数，求对应的分钟数和小时数。

（5）输入两个整数，让计算机求出它们的和、差、积、商、整数商和余数。如表1-8所示。

表1-8

输入样例	输出样例
18 5	18 + 5 = 23 18 - 5 = 13 18 * 5 = 90 18.00/5 = 3.60 18 div 5 = 3 18 % 5 = 3

（6）编一个程序计算任意一个正方形的周长和面积。

（提示：假设正方形的长为 A、周长为 L、面积为 S，那么数学中的计算式子为：正长方形周长 $L = 4 \times A$，面积 $S = A \times A$）

第一单元　IT风云榜

一、基础知识

（一）数据类型

本单元所学的数据类型如表1-9所示。

表1-9　本单元中的数据类型

名称	类型标识符	数据范围	常量书写例子
整型	int	-2147483648~2147483647 范围内的整数	0，25
单精度浮点型	float	-3.4E38~3.4E38 范围内的所有数	12.5，0.01
双精度浮点型	double	1.7E-308~1.7E+308 范围内的所有数	369，0.18，1257.23
字符型	char	字符集中的所有字符	'F'，'5'，'%'
字符串	string	任一串字符	"D"，"Lihong"

除了表1-9的数据类型外，C++还有很多其他数据类型。例如，整型数根据表示范围的不同，还可分为表1-10所示的几种类型。

表1-10　整数类的几种类型

名称	类型标识符	数据范围（整数）	数据例子
整型	int	-2^31~2^31-1	-25，15，3000
短整型	short	-32768~32767	-126，15
长长整型	long long	-2^63~2^63-1	2147483700

不同类型所表示的数据范围不同，所占的空间也不尽相同，在以后编程时要注意。

（二）常量

简单地说，一个具体的数（包括数值、字符、字符串等）就是一个常量。常量在程序执行过程中是不能被改变的，字符和字符串常量必须分别用英文单引号和双引号引住。

例如：

整型常量：1258，0，2658

浮点型常量：-327699.7，2587646.5，45.0，6987.254

字符型常量：'A'，'b'，'9'，'#'

字符串常量："Word"，"LH129"，"Win+1918"

为了方便使用，在编程时也可以在说明部分对常量指定一个常量名称，这种名称又

45

叫符号常量。符号常量代表的是一个固定的数,在程序执行过程中是不能被改变的。

例如,在下面的程序中指定 pi 代表3.14参与圆周长的计算:

```cpp
#include<iostream>
using namespace std;
const double pi =3.14;     //const 为符号常量定义标识符;pi 为常量名称,
                                        代表3.14
                           //double 表示将常量定义为双精度浮点型
int main ()
{
    double r;
    cin>>r;
    cout<<"C = "<<2*pi*r<<endl;     //这里pi 代表3.14,用于计算
                                                    圆的周长
}
```

(三) 变量

在程序执行中可以改变值的量,称为变量。

1. 使用变量时要注意事项

(1) 变量名可由字母、数字和下划线构成,第一个必须是字母或者下划线。如 s1,tj,k,age_3 等都是合法的变量名。

(2) C++中已使用的固有名称,如 cin,cout,if,int,double 等不能作为变量名。

(3) 变量名区分大小写。如 Name 与 name 在程序中会被看作是两个不同的变量名。

(4) 变量可以在不同的地方进行定义,但必须先定义后使用。

(5) 给变量赋值或输入数据时,数据与变量的类型必须一致或兼容。

(6) 在定义变量时,可以同时给变量赋初值。

2. 变量定义的一般形式

<u>类型名称<变量表>;</u>

例如,下述①、②两种变量效果是一样的,第③种是错误的。仔细看看,为什么?

①	②	③
int x, y;	int x; int y;	int x; y;

3. 关于变量赋值兼容问题

一般地,常量或式子的值可以存入同类型的变量,也可以存入范围更大的类型变量。当把不兼容类型的数据存入变量时,可能有预想不到的结果。例如,执行语句 int p = 3.14 后,实际上 p 得到的是整数3;又如,执行语句 "int ch = 'D';" 后,ch 实际上得到的是字符'D'的 ASCII 码68。

数据与变量类型的兼容关系如图 1-9 所示。

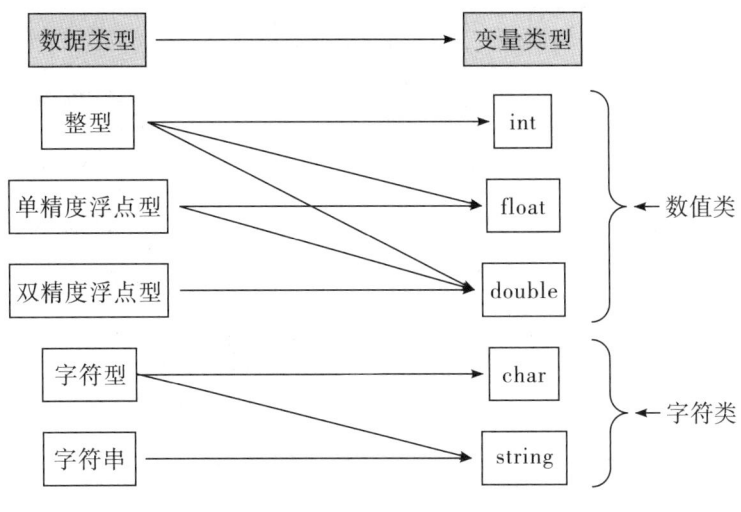

图 1-9 变量类型的赋值兼容情况

例如：在下述三段程序中，将产生赋值不兼容导致程序执行错误。

①
```
#include <iostream>
using namespace std;
int main ()
{
    short x, y;
    cin >>x >>y;
    return 0;
}
```
(只可输入 -32 768 ~ 32 767 之间的整数给 x 和 y，否则将提示输入类型错误)

②
```
#include <iostream>
using namespace std;
int main ()
{
    int k, j;
    string sw;
    k =10; j =20;
    sw = j * k;
    return 0;
}
```
(k * j 值是整型数 200，但 sw 是字符串，数值 200 是不可以赋给字符串变量 sw)

③
```
#include <iostream>
using namespace std;
int main ()
{
    int t;
    double s1;
    cin >>s1;
    t = s1 +5;  //注意这里
    return 0;
}
```
(s1 +5 的值是双精度浮点型，不能赋给整型变量 t，否则 C++ 编译器会自动舍去 s1 +5 的小数位再存入 t)

（四）表达式

由运算符将常量、变量、函数连接起来的计算式子，称为表达式。

1. 基本运算符

表 1-11　C++ 中常见的基本运算符

运算类型	运算符	操作数类型	结果类型
算术运算	＋ － ＊	整数或实数	整数或实数
	／	整数和整数	作整除，结果为整数商
	／	有其中一个数是实数	作普通除法，结果为实数
	％	整数和整数	整数
关系运算	＝＝　！＝	整数、实数、字符、字符串等	布尔型
	＜　　＞	整数、实数、字符、字符串等	
	＜＝　＞＝	整数、实数、字符、字符串等	
逻辑运算	&（与）｜（或）！（非）	布尔型	布尔型

2. 表达式

（1）用运算符连接起来的计算式就是表达式，表达式一般是按运算符的优先级别由高到低依次进行计算的。

优先级由高到低的次序是：一元运算（！）→乘除运算（＊，／,％，&）→加减运算（＋，－，｜）→关系运算。

（2）同级运算由左到右。

（3）括号可改变运算的优先次序，它的优先级最高。有多层括号时，先算内层，再算外层。

在书写表达式时，应注意以下几点：

（1）只允许用圆括号，不能用其他括号，而且要成对出现。

（2）不允许连续出现两个运算符。

（3）乘法运算符不能省略。

例如：

①对于数学式 35×20÷3，对应 C++ 中表达式的写法是：35＊20/3 。

②已知圆的半径为 r，则计算圆的周长的表达式可写为：2＊3.14＊r 。

③求两个数据 m 与 n 的平均值，表达式可写为：($m+n$)/2 。

二、C++ 程序

用 C++ 语言所编写的程序，叫作 C++ 程序。C++ 程序的基本架构如表 1-12 所示。

表 1-12　C++ 程序的基本架构

一级架构	二级架构	三级架构	实例
预处理命令	包含各种头文件等		#include < iostream > #include < string >
全局声明部分	声明名字空间，对全局性变量进行定义等		using namespace std； int money = 500；
函数	函数首部	包括函数名、函数类型、函数属性、函数参数（形式参数）名、参数类型。函数名后必须跟圆括号，参数可以缺省	int main（ ）
	函数体（指函数首部下面最外层的大括号内的部分）		{
		局部声明部分	string name = "Bill Gates"；
		执行部分	cout < < name < < endl； cout < < money < < endl； return 0；
			}

关于 C++ 程序书写的说明：

（1）一个程序必须有一个主函数 main，程序执行时总是从主函数中的第一条语句开始执行的。

（2）程序中每一条语句后面均要加上分号"；"以表示该语句已结束。（预处理命令不属于语句，后面不用逗号）

（3）可以使用"//"开头对程序局部进行注释，注释的内容程序不会处理。

三、程序的顺序结构

（一）顺序结构

C++ 程序有三种控制结构：顺序结构、选择结构和循环结构。在本单元中我们主要学习了顺序结构，也初步接触了选择结构。

顺序结构是指从前向后完全按语句书写的先后次序执行的程序结构。

例如：对于如下程序段，计算机会按如图 1-10 所示的先后次序进行处理：

```
cin > > a；
s = 4 * a；
cout < < "MianJi:" < < s < < endl；
```

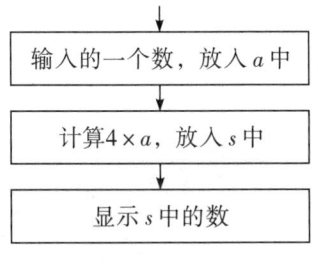

图 1-10

（二）三种简单语句

输入语句、赋值语句和输出语句都是顺序控制结构的语句，具体如表1-13所示。

表1-13　顺序结构三种语句对比

语句类别	格式	作用及执行特点
输入语句	cin ＜输入项表＞	接受从键盘输入的数，输入项间用空格或换行隔开
赋值语句	＜变量＞＝＜表达式＞	计算表达式的值，存入"＝"左边的变量中
输出语句	cout ＜输出项表＞	显示各输出项的值，当要换行时加 endl

使用上面三种语句要注意以下几点：

（1）用输入语句输入数据或通过赋值语句对变量赋值时，变量类型必须是兼容数据的。

（2）＜输入项表＞中的变量之间用"＞＞"隔开，＜输出项表＞中各输出项之间用"＜＜"隔开。

（3）如果想使程序在每次运行时可以输入不同的数据，要用输入语句；如果要将编程时已知的数或计算表达式值后存入变量中，要用赋值语句。

（4）要保存计算结果，使用赋值语句；只显示但不保存结果，直接使用输出语句。

（5）连续两个语句 cout＜＜x＜＜y; cout＜＜endl; 与 cout＜＜x＜＜y＜＜endl; 的作用相同。

（1）运行以下程序，找出程序中存在的错误，并改正它。

①
```
//程序 dy1_1 (1)
#include <iostream>
using namespace std;
int main ()
{
    s = 123 * 50;
    cout << s << endl;
    return 0;
}
```

②
```
//程序 dy1_1 (2)
#include <string>
using namespace std;
int main ()
{
    int k;
    cin >> k;
    cout << k + 100 << endl;
    return 0;
}
```

③
```
//程序 dy1_1 (3)
#include <iostream>
using namespace std;
int main ()
{
    int tj, s;
    cin >> tj;
    tj + 1 = s;
    cout << (char) (s) << endl;
    return 0;
}
```

④
```
//程序 dy1_1 (4)
#include <iostream>
using namespace std;
int main ()
{
    float gd;
    cout << "enter grade:";
    cin >> grade;
    if (grade >= 85) cout << grade << " Good!" << endl;
    if (grade < 60) coutgrade << " Fail!" << endl;
    cout << "The end." << endl;
    return 0;
}
```

⑤
```
//程序 dy1_1 (5)
#include <iostream>
using namespace std;
int main ()
{
    string   scname;
    cout << "Your school name?" << endl;
    cin >> scname;
    int ln = scname.size ();
    cout << "My school name long:";
    cout << ln << endl;
    return 0
}
```

(2) 写出表1-14程序的运行结果，并上机验证。

表1-14

程序	运行结果	我的发现

①
//程序 dy1_2 (1)
#include <iostream>
#include <iomanip>
using namespace std;
int main ()
{
   char ch1, ch2;
   cin >> ch1 >> ch2;
   int x1 = ch1, x2 = ch2;
   cout << setw (5) << x1 << x2 << endl;
   return 0;
}
	输入：
	A B
	输出：
	6566	

②
//程序 dy1_2 (2)
#include <iomanip>
#include <iostream>
using namespace std;
int main ()
{
   int a, b, c;
   a = 10; b = 20;
   cout << "a = " << a << setw (5) << "b = " << b << endl;
   cout << "- - - - - - - -" << endl;
   c = a; a = b; b = c;
   cout << "a = " << a << setw (5) << "b = " << b << endl;
   return 0;
}
		这段程序能交换变量 a 和 b 中的数据

③
//程序 dy1_2 (3)
#include <iostream>
#include <iomanip>
using namespace std;
int main ()
{
   const double hk = 95456987521.294123456;
   cout << hk << endl;
   cout << fixed << hk << endl;
   cout << setw (30) << fixed << hk << endl;
   return 0;
}		

(3) 分析表 1-15 的问题及对应程序段,将程序段补充完整。

表 1-15

题号	问题	程序
| ① | 让计算机显示如下图案:<br>　WWW<br>　　W | ```
//程序 dy1_3 (1)
#include <iomanip>
#include <iostream>
using namespace std;
int main ()
{
    cout << setw (10) << "WWW" << endl;
    cout << <_____ << "W" << endl;
    return 0;
}
``` |
| ② | 求任意两个数的积 | ```
//程序 dy1_3 (2)
#include <iostream>
using namespace std;
int main ()
{
    _____
    cin >> x1 >> x2; chj = x1 * x2;
    cout << chj << endl;
    return 0;
}
``` |
| ③ | 用一根长 2 米的木料,锯成同样长的 4 根,用来做凳腿,这个凳子的高大约是多少? | ```
//程序 dy1_3 (3)
#include <iostream>
using namespace std;
int ls; double h;
int main ()
{
    ls = 2;
    h = _____; cout << "Guo = " << h << endl;
    return 0;
}
``` |
| ④ | 小李(LI)和小陈(CHEN)都参加了数学和语文两科目的测验,你知道他们谁的总分高吗? | ```
//程序 dy1_3 (4)
#include <iostream>
using namespace std;
int main ()
{
    int sx1, yw1, sx2, yw2, zf1, zf2;
    cin >> sx1 >> yw1 >> _____;
    zf1 = sx1 + yw1; zf2 = sx2 + yw2;
    if (zf1 > zf2) cout << "Good: LI" << endl;
    if _____ cout << "Good: CHEN" << endl;
    return 0;
}
``` |

(4) 编一个程序求任意一个字符的 ASCII 码。

(5) 求任意两个数整除的商和余数，并参考表 1-16 样例进行输入输出。

表 1-16

输入样例	输出样例
22 4	Shang：5 Yushu：2

(6) 将一个四位数的各位数字倒序生成一个新的四位数。如表 1-17 所示。

表 1-17

输入样例	输出样例
2591	1952

(7) 京广中心大厦曾是北京市最高的摩天大楼（209 米），它比中央电视塔约矮 196 米。你知道中央电视塔有多高吗？

(8) 算算一家三口人（爸爸、妈妈和我）的平均体重（千克）。

(9) 看看我和爸爸的姓名，谁的姓名排在字典的前面。如表 1-18 所示（提示：按字典的编排规则，"小"的单词排在前面）。

表 1-18

输入样例	输出样例
Li Hong Li Dahai	Li Dahai

第二单元 电脑神算子

第 7 课 换算能手

在数学课中我们学过长度、重量和时间单位，你还记得它们之间的换算关系吗？你知道吗？原来计算机也是换算能手呢！

单位换算关系		
长度单位换算	重量单位换算	时间单位换算
1千米=1 000米 1米=10分米 1分米=10厘米 1厘米=10毫米	1吨=1 000千克 1千克=1 000克	1小时=60分钟 1分钟=60秒

● **长度单位换算**

根据长度单位换算关系，如果要把 3 米分别换算成分米和厘米作单位，可这样换算：
3 米 = 3×10 = 30 分米
3 米 = 3×10×10 = 300 厘米（米、分米和厘米还可分别用 m, dm 和 cm 表示）
计算机能进行长度单位换算吗？我们先来看看下面这个程序：

```
//程序 P7_1
#include<iostream>
using namespace std;
int main()
{
    int len, fg;     //说明变量 len, 用于存放单位为米的长度数据
                     //当 fg=1 时, 表示将米转换为分米; fg=2 时, 将米转
                       换为厘米
    cin>>fg>>len;    //输入换算种类号和以米为单位的长度数据
    cout<<len<<" (m) =";   //显示米数和"(m) ="
```

```
    switch(fg)    //根据fg值的情况分别进行处理
    {
       case 1:    //fg为1时,将米转换为分米并显示
          cout<<len*10<<" (dm)"<<endl;
          break;
       case 2:    //fg为2时,将米转换为厘米并显示
          cout<<len*100<<" (cm)"<<endl;
    break;
    }
    return 0;
}
```

分别运行两次程序P7_1,并输入不同的数据,将得到如表2-1所示的结果。

表2-1　运行两次程序的输入数据及结果

运行次数	输入数据	显示结果
第一次运行	1 3	3（m）=30（dm）
第二次运行	2 3	3（m）=300（cm）

用程序P7_1将15米分别换算为分米和厘米,看结果是否跟你笔算的相同。

● 多分支语句

格式:

```
switch（表达式）
{
    case 常数1:语句组1;break;
    case 常数2:语句组2;break;
    ……:……;
    case 常数n:语句组n;break;
    default:语句组n+1;
}
```

作用:根据表达式值的不同情况进行分支处理。当"表达式"的值等于"常数1"

时，执行第1个分支后面的语句；当"表达式"的值等于"常数2"时，执行第2个分支后面的语句；……依次类推，当"表达式"的值等于"常数n"时，执行第n个分支后面的语句；当"表达式"的值不在"常数1"～"常数n"中时，执行default后的语句。

说明：
(1) switch模块要加｛｝。
(2) "表达式"值要与常数表中的值同类型，且只能是整型、字符、布尔型等有序数据。
(3) 如果不需要，default及其后面所带的语句可以省略不写。
(4) 所有常数表中的常数不能相同。
(5) 每一个case模块最后都要加一句"break"，从而停止执行switch模块中后面的语句。

实例：

```
//程序P7_2
#include <iostream>
using namespace std;
int main()
{
    int p, s;
    cin>>p;
    switch(2*p)
    {
        case 2: s=p*p; break;
        case 4: s=p*p+1; break;
        case 6: s=p*p+3; break;
        case 8: s=p*p+4; break;
        case 10: s=p*p+9; break;
        default: s=p+1;
    }
    cout<<s<<endl;
    return 0;
}
```

程序P7_2将执行图2-1所示的流程。

在程序P7_2中，当通过语句"cin>>p;"输入4给p时，将计算出switch中表达式p*2的值是8，从而转去执行第4个分支中的语句"s=p*p+4;"，将4*4+4即20存入变量s中，然后执行"break;"结束switch语句的执行，再通过语句"cout<<s<<endl;"输出s中的值20。

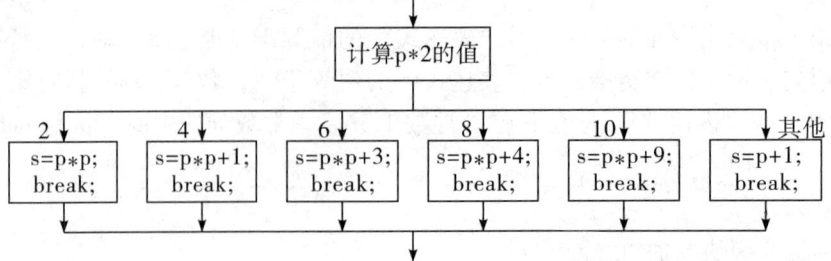

图2-1 switch-case 语句执行图示

【例1】分析以下程序的执行过程。

```
// 程序 P7_3
#include <iostream>
using namespace std;
int main()
{
    int n,m;
    double y;
    cin>>n;
    switch (n%4)
    {
        case 0:
            m=n+1;break;
        case 1:
            m=n+1;break;
        case 2:
            m=2*n;break;
        case 3:
            m=n*n;break;
    }
    y=m*m;
    cout<<y<<endl;
    return 0;
}
```

(运行时输入：18)

【分析】

(1) 首先执行 cin>>n，这时输入18，则 n 的值为18。

（2）执行 switch（n%4）时，先计算表达式 n%4 值为 2。
（3）执行 switch 的第 3 个分支中的语句"m = 2 * n; break;"。
（4）结束 switch 程序块，转到执行"y = m * m;"。
（5）再按顺序执行语句"cout << m * m << endl;"。
【程序的执行过程】
cin >> n；→switch（n%4）→m = 2 * n；→y = m * m；→cout < < m * m < < endl；

如果运行时输入 27，你能写出这个程序的执行过程吗？

【例2】输入 1 ~ 5 之间的任意一个阿拉伯数字，让计算机输出它的英文单词。
【分析】
（1）我们知道平常使用的 10 个阿拉伯数字与英文单词之间的对应关系如下：
　　　0→zero　1→one　2→two　3→three　4→four
　　　5→five　6→six　7→seven　8→eight　9→nine
（2）1 ~ 5 之间数字的各个英语单词都不一样，因此要分成 5 种情况处理。我们很自然会想到使用分情况语句。
（3）根据题意，当输入某个数字时，只要输出对应的英语单词就行了。例如输入 3，我们可以在分情况语句中通过 cout << "three" 让它输出 "three"。

【参考程序】

```
//程序 P7_4
#include <iostream>
using namespace std;
int main（）
{
    int num;
    cin >> num;        //输入一个数字
    switch（num）      //分情况处理
     {
       case 1:        //输入的 num 是 1 时，输出 "one"
         cout < < "one" < < endl;
         break;
       case 2:
         cout < < "two" < < endl;
         break;
       case 3:
         cout < < "three" < < endl;
         break;
```

```
            case 4:
                cout<<"four"<<endl;
                break;
            case 5:        //输入的num是5时,输出"five"
                cout<<"five"<<endl;
                break;
        }
        return 0;
    }
```

修改程序P7_4,让计算机输出0~9这10个数字中任一个数字对应的英语单词。

【例3】输入年份和月份,让计算机输出该月份的天数。

【分析】

(1)题目涉及年、月、天数这几个量,我们分别用year,month和days存放。

(2)根据日历知识,除了2月,其他月份的天数每年都是固定不变的,即:

1,3,5,7,8,10,12月的天数是31天;

4,6,9,11月的天数是30天。

因此可以分3种情况处理:

当月份为1,3,5,7,8,10,12时,days=31;

当月份为4,6,9,11时,days=30;

当月份为2时,需要先计算判断是否为闰年后才可确定天数。

(3)2月的天数要根据以下的情况来确定:

当为闰年时2月为29天,平年时2月份为28天。闰年是指年份能被4整除但不能被100整除,或者能被400整除的年份。

也就是说,当年份能被4整除但不能被100整除,或者年份能被400整除时,2月的天数是29天;否则为28天。用语句可表示为:

if ((year%4==0 && year%100>0) || (year%400==0)) days=29;
else
    days=28;

如何用C++中的表达式表示"M除以N的余数为3"?

【参考程序】

```cpp
//程序 P7_5
#include<iostream>
using namespace std;
int main()
{
    int days, year, month;
    cout<<"Enter year and month:"<<endl;   //提示输入年份和月份
    cin>>year>>month;
    switch(month)     //按不同月份情况确定天数
    {
        case 4: days=30; break;
        case 6: days=30; break;
        case 9: days=30; break;
        case 11: days=30; break;
        case 2:      //2月需要确定这一年是否为闰年
            if((year%4==0 && year%100>0)||(year%400==0)) days=29;
            else
            days=28;
            break;
            default:    //不是2月,也不是4,6,9,11月,剩下的月份都为31天
            days=31;
    }
    cout<<"days="<<days<<endl;   //显示指定年月的天数
    return 0;
}
```

 展示实力

（1）写出下列条件描述的 C++ 表达式。

① T 大于 5 且小于 F ② x + 3 大于等于 100 ③ P 为偶数	④ A – B 小于 0 或 x – y 大于 10 ⑤ 字符变量 CP 中字符的 ASCII 码在 48～57 之间 ⑥ 字符串 S 的长度不大于 15

（2）写出下列程序的运行结果。

①
//程序 T7_2（1）
#include <iostream>
using namespace std;
int main ()
{
   int t;
   double w;
   cin >>t;
   switch (t)
   {
      case 1: w = t * 10; break;
      case 2: w = t * 20; break;
      case 3: w = t * 30; break;
   }
   cout <<w <<endl;
   return 0;
}
（运行时输入：2）
	②
	//程序 T7_2（2）
	#include <iostream>
	using namespace std;
	int main ()
	{
	   int sc;
	   char gd;
	   cin >>sc;
	   switch (sc /10)
	   {
	      case 6: gd = 'B'; break;
	      case 7: gd = 'B'; break;
	      case 8: gd = 'A'; break;
	      case 9: gd = 'A'; break;
	      case 10: gd = 'A'; break;
	      default: gd = 'c';
	   }
	   cout <<gd <<endl;
	   return 0;
	}
	（运行时输入：75）

本程序的运行结果：	本程序的运行结果：

（3）假设数字与星期几的对应关系如表 2 – 2 所示，请编写程序让计算机根据你输入的阿拉伯数字（1～7）输出对应的星期。

表 2 – 2

数字	1	2	3	4	5	6	7
星期	Mon	Tues	Wed	Thurs	Fri	Sat	Sun

（4）编写程序：输入任意小时数据，换算为分或秒为单位输出。（转换为分还是秒，要根据情况选择）

（5）编写程序，将某天从零时开始计算的秒数转换为"时：分：秒"的时间表示形式。[提示：小时数 = 秒数/3600；分钟数 =（秒数 %3600）/ 60。]

输入样例：4250　　（秒数）

输出样例：1：10：50（时：分：秒）

（6）编写程序，将以吨为单位的重量数转换为以千克或克为单位的重量数。输入 1 代表转换成千克，输入 2 代表转换成克，结果保留两位小数。（注意：因为数据可能比较大，因此要把变量说明为浮点型）

输入样例：24.2　1（吨数，转换为千克数）

输出样例：24.2（t）＝24200（kg）

（提示：通常用 t，kg 和 g 表示吨、千克和克这些单位）

（7）假定中小学各学段学生的年龄范围如下：

小学（Xiaoxue）：6～12 岁；初中（Chuzhong）：13～15 岁；高中（Gaozhong）：16～18 岁

请编写一个程序：输入一个学生的年龄（整数），然后算出他是哪个学段的学生。

表 2 – 3

样例	输入样例	输出样例
样例 1	10	Xiaoxue
样例 2	13	Chuzhong
样例 3	18	Gaozhong

（提示：利用多分支语句来处理）

第8课 考考你四则运算

加、减、乘、除称为四则运算，是数学中最基本的四种运算。

同学们都掌握四则运算了吗？现在就让计算机出题来考考你。

(8+9)×(9-4)÷5=
22÷4+7×5-9=

四则运算

运算类型	加法	减法	乘法	除法
数学中的运算符	＋	－	×	÷
程序中的运算符	＋	－	*	/
运算定律（特点）	加法交换律：A+B=B+A		乘法交换律：A×B=B×A	被除数等于商乘除数再加上余数

● 考考你加法运算

计算机要出一道两位数以内的加法题考考你，看你能不能正确回答。
运行下面的程序，你就可以开始答题了。

```
//程序 P8_1
#include<iostream>
#include<cstdlib>    //常用的标准库函数，提供rand(), srand() 等函
                     数的库
#include<ctime>      //提供time() 函数的库
using namespace std;
int main()
{
    int a, b, c, d;  //a, b分别存两个加数, c, d分别存计算机和你的答案
    srand(time(NULL));   //设置随机种子
    a=rand()%100;    //随机产生第一个两位以内的整数
    b=rand()%100;    //随机产生第二个两位以内的整数
    c=a+b;           //由计算机计算正确答案
    cout<<a<<'+'<<b<<'=';   //显示加法运算式子
    cin>>d;          //接受你输入的答案
    if(d==c)
        cout<<"Right!"<<endl;   //如果你输入的答案正确，显示
```

"Right!"
```
    else
        cout<<"Wrong!"<<endl;    //否则,显示"Wrong!"
    return 0;
}
```

每运行一次上述程序,计算机就会随机出一道题考你。你都答对了吗?

删除以上程序中的"srand(time(NULL));",再运行几次程序,看看会出现什么不同。

● 任你选做四则运算

真是神奇,计算机能随机出加法题!
其实,它还能出四则运算中任何一种题目呢!

```
//程序 P8_2
#include<ctime>
#include<iostream>
#include<cstdlib>
using namespace std;
int main()
{
    int a,b;
    double c,d;        //a,b 分别存放两个数,c,d 分别存计算机和你的答案
    char op;
    srand(time(NULL));       //设置随机种子
    a=100+rand()%100;        //随机产生第一个三位的整数
    b=rand()%100;            //随机产生第二个两位以内的整数
    cin>>op;        //输入运算符"+","-","*","/"之一
    switch(op)      //根据你所输入的符号,决定做什么运算
    {
        case '+': c=a+b; break;     //由计算机根据情况计算正确答案
        case '-': c=a-b; break;
        case '*': c=a*b; break;
        case '/': c=a/b; break;
    }
    cout<<a<<op<<b<<"=";      //显示运算式子
```

```
    cin >>d;       //接受你输入的答案
    if (d= =c)
      cout < < "Right!" < < endl;    //如果你输入的答案正确,显示"Right!"
    else cout < < "Wrong!" < < endl;    //否则,显示"Wrong!"
    return 0;
}
```

运行上述程序时,只要你输入'+','-','*','/'其中一个字符,计算机就会出一道相应的运算题考你。

运行以上程序4次,分别输入'+','-','*','/',观察计算机出的什么题目,然后输入你的答案。

对比程序P8_1与P8_2,看看它们有什么不同。为什么程序P8_2会比P8_1多出3种不同运算的题目呢?

● 随机函数

格式:rand ( )。

作用:产生一个大于等于0、小于RAND_MAX的随机整数。

RAND_MAX是C++中预先定义好的一个很大数,不需要知道它是多少,总之知道是一个很大的数就行了。

说明:

(1) 一般情况下,该函数名后面可不带参数。

(2) 如果想每次运行都可能产生不同的数,需要在调用这个函数前加一个"srand(time(NULL));"(称为设置随机种子)语句。

(3) 程序开头要包含"cstdlib"和"ctime"这两个头文件:

#include < cstdlib > ;

#include < ctime > 。

实例:

(1) 要让计算机自动产生一个三位数内的整数,可通过表达式rand ( )%1000得到。

为什么呢?因为我们用rand ( )函数产生了一个随机数,然后再对1000取余数,所得到的数就在[0,1000)以内了。

(2) 产生 P～Q（包含 P、Q）范围内的随机整数，通用表达式是：P + rand ( ) % (Q − P + 1)。

探索奥秘

【例1】猜硬币游戏：用计算机模拟抛硬币，你来猜哪一面朝上。

【分析】

(1) 抛硬币前，哪一面朝上是不可确定的，这是一个随机问题，可以用随机函数来模拟。

(2) 假定用 1 表示正面，用 0 表示反面，则可用表达式 rand ( ) % 2 来随机产生 0 或 1。

表达式 32 + rand ( ) % 25 将能产生什么范围内的整数？

(3) 程序的处理过程可以设计为：

接收你的猜测→模拟抛硬币（随机产生 0 或 1）→比较你的猜测与计算机"抛硬币"的结果，猜测对了显示"YES!"，猜错了显示"NO!"。

【参考程序】

```
//程序 P8_3
#include <iostream>
#include <cstdlib>    //常用的标准库函数，提供 rand (), srand () 等函
                       数的库
#include <ctime>      //提供 time () 函数的库
using namespace std;
int main ()
{
    int coin, as;
    cout << "Please Play:" << endl;    //提示可以猜了
    cin >> as;    //输入你猜的结果：0 或 1
    srand (time (NULL));
    coin = rand () % 2;    //计算机模拟抛硬币：产生 0 或 1
    if (coin == as) cout << "YES!" << endl;    //你猜对了!
    else
        cout << "NO!" << endl;    //你猜错了!
    return 0;
}
```

【例2】由计算机模拟一场由 3 个人参加的跳远，要求按由远到近的顺序显示成绩。

【分析】

(1) 这是一个模拟问题，需要用随机函数来产生三个参赛者的成绩，假定他们的成绩在大于等于5米小于9米之间（现在的跳远世界纪录是8.95米），则产生跳远成绩的表达式是：

$$5 + rand()\%4 + (rand()\%100)/100.0$$

为什么上述表达式能产生大于等于5并且小于9范围内的随机数呢？

由于 5 + rand()%4 产生了一个 [5, 8] 的整数，(rand()%100)/100.0 产生了一个 [0, 1) 的两位小数，两者相加，产生随机数的范围便是大于等于5并且小于等于8.99。

因为 rand() 函数只能产生整数，当需要产生小数时怎么办呢？比如要产生一个两位小数，我们用 rand()%100 先产生一个 [0, 100) 的整数，再用它除以100.0，就可得到一个范围在 [0, 1) 的两位小数了。

这里为什么要除以100.0而不是除以100呢？

(2) 假定用 A，B，C 分别存放三个人的跳远成绩，则有：

A = 5 + rand()%4 + (rand()%100)/100.0。
B = 5 + rand()%4 + (rand()%100)/100.0。
C = 5 + rand()%4 + (rand()%100)/100.0。

（虽然表达式一样，可所产生的三个人的成绩不一定相同）

(3) 如何才能把 A，B，C 中的数按从大到小顺序显示呢？

我们可以通过一系列比较、交换的处理，最终把最大数放到 A 中，第二大的数放到 B 中，最小的数放到 C 中，再按 A，B，C 顺序输出就行了。

比较、交换的过程如下：

①将 A 与 B 比较，若 A < B 则交换所存的数，使两者中的最大数放到 A 中。
②将 A 与 C 比较，若 A < C 则交换所存的数，使三者中的最大数放到 A 中。
③将 B 与 C 比较，若 B < C 则交换所存的数，使 B 和 C 中的最大数放到 B 中。

【参考程序】

```
// 程序 P8_4
#include <iomanip>
#include <cstdlib>
#include <ctime>
#include <iostream>
using namespace std;
int main()
{
    double a, b, c, w;    //w变量用于辅助交换数据
```

```
srand (time (NULL));
a = 5 + rand ( )% 4 + (rand ( )% 100) /100.0;    //随机（模拟）产生
                                                   第一个人的跳远
                                                   成绩

b = 5 + rand ( )% 4 + (rand ( )% 100) /100.0;
c = 5 + rand ( )% 4 + (rand ( )% 100) /100.0;
if (a < b)    //若 a < b 就交换它们中的数据
{
    w = a; a = b; b = w;
}
if (a < c)    //若 a < c 就交换它们中的数据
{
    w = a; a = c; c = w;
}
if (b < c)    //若 b < c 就交换它们中的数据
{
    w = b; b = c; c = w;
}
cout << "The Grade:" << endl;
cout << fixed << setprecision (2) << a;    //fixed 指按常规方式
                                              a 的值
cout << "- -";
cout << fixed << setprecision (2) << b;    //setprecision (2)
                                              指保留两位小数输
                                              出 b
cout << "- -";
cout << fixed << setprecision (2) << c;
cout << "- -" << endl;
return 0;
}
```

动脑想

假设 A，B，C 三人的真实姓名分别为"LIXI"，"CHENYE"和"LUNHAO"，要使程序在显示成绩的同时也能显示对应运动员的姓名。怎么修改程序呢？

 展示实力

(1) 写出产生下列各范围随机数的表达式。

①三位以内的整数（不含负数）。

②3~12 范围内的整数。

③50~80 范围内的整数。

④100~150 范围内的数（不含150）。

⑤四位整数（不含负数）。

(2) 根据题意完善下列程序。

① 产生两个100~500之间的随机整数，输出较大的一个。

```
//程序 T8_2 (1)
#include <iostream>
#include <ctime>
#include <cstdlib>
using namespace std;
int main ()
{
    int d1, d2;
    srand (time (NULL));
    d1 = 100 + rand ()% 400;
    d2 = _____;
    if _____ cout << d1 << endl;
    else
    cout << d2 << endl;
    return 0;
}
```

② 根据学生的分数给出相应的成绩等级，对应关系如下：A：90~100分 B：80~89分 C：60~79分 D：60分以下。

```
//程序 T8_2 (2)
#include <iostream>
using namespace std;
int main ()
{
    int sc;
    char ch;

    cin >> sc;
    switch _____
    {
        case 10: ch = 'A'; break;
        case 9: ch = 'A'; break;
        case 8: ch = 'B'; break;
        case 7: ch = 'C'; break;
        case 6: ch = 'C'; break;
        default:
            _____;
    }
    cout << sc << "-" << ch << endl;
    return 0;
}
```

(3) 一个正方体，6个面上分别写着数字1，2，3，4，5，6。掷一次，可能掷出什么数字（朝上）？试编程模拟掷这个正方体的结果。

图 2-2

(4) 模拟 3 位 50 米跑比赛的运动员成绩（以秒计），然后按从高分（最少时间）到低分的顺序显示出 3 个比赛成绩。

(5) 随机产生一个三位数，然后显示三位数字相加的式子，再判断这个数的各位数字之和是否大于 15，如果是就显示 ">15"，否则显示 "<=15"。

输入样例：（无须输入）

输出样例：（例如产生的数是 286）

$$2+8+6=16>15$$

(6) 不用输入运算符，让计算机随机出四位数以内两个数的四则运算的题，并可答题。

第 9 课 图形多奇妙

长方形、正方形、梯形、三角形和圆都是同学们最熟悉的图形。这些图形各有特点，真是奇妙！

你还记得这些图形的特点吗？这些图形的周长、面积怎么算呢？

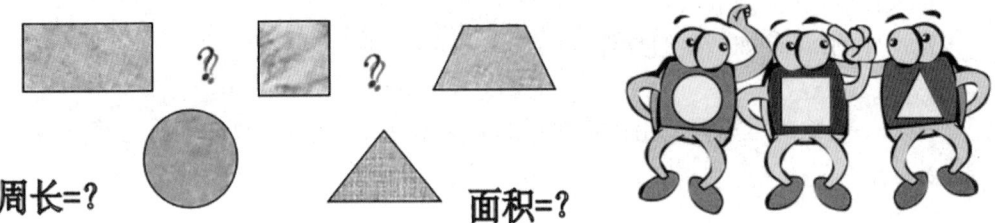

计算机也能帮助我们解决一些关于图形方面的问题。

● 算算三角形的周长

一个三角形的周长等于它三条边的长度之和。计算三角形周长的程序如下。

```
//程序 P9_1
#include <iostream>
#include <iomanip>     // 输入、输出格式库函数，提供 setprecision ( )
                       函数
using namespace std;
int main ( )
{
    double a, b, c, l;
    cin >>a >>b >>c;
    if (a>0&&b>0&&c>0&&a+b>c&&a+c>b&&b+c>a)   //判断 a，b，c
是否符合构成三角形的要求，如果符合就计算周长；"&&"是逻辑运算符，"并且"的意思
    {
        l=a+b+c;
        cout <<fixed <<setprecision (2) <<"L = " <<l <<endl;
    }
    else
        cout <<"Wrong" <<endl;   //如果输入的数据不符合要求，视为错
                                   误数据
```

```
        return 0;
}
```

分别运行三次程序，结果如表 2-4 所示：

表 2-4

输入				输出
第一次运行	-3	4	5	Wrong
第二次运行	3.5	6	12	Wrong
第三次运行	8	6	9	23.00

本程序对输入的数据进行了合法性判断，如果输入的数据能构成三角形的三条边时，计算三角形的周长并输出，否则认为是不合法数据而输出错误信息。

对于三角形来说，作为边长的数据需要符合以下所有条件：

①所有边长大于 0。

②任意两边之和大于第三边。（三角形三边关系定理）

用 C++ 语言来表示这两个条件就是：

(a>0 && b>0 && c>0 && a+b>c && a+c>b && b+c>a)

表示多个条件同时成立，用"&&"连接起来。

在 C++ 中如何表达以下条件：x 是大于 100 的偶数吗？

● 布尔表达式

1. 布尔常量

一些事物只有两种状态，例如答案的对与错、计算机的开与关等。

C++ 中用两个布尔常量来表示某件事物的两种状态：用 1 表示真，用 0 表示假。

2. 布尔变量说明

格式：

bool <变量表>；

示例：

bool fg, rain;

3. 布尔表达式

值为布尔类型的表达式，称为布尔表达式。布尔表达式又可分为关系表达式和逻辑表达式。

（1）只比较两个数大小的式子，如表 2-5 所示，属于关系表达式。

表 2-5　关系运算

运算	等于	大于	小于	大于等于	小于等于	不等于
运算符	==	>	<	>=	<=	!=

例如：x+1>100，(a%2)==0 等都是关系表达式。当输入 x 的值是 200 时，x+1>100 的值为 1（真），当输入 x 的值为 50 时 x+1>100 的值为 0（假）。

（2）将几个条件（可能是关系表达式）进行逻辑连接的表达式，即为逻辑表达式。

例如：(a>0)&&(b>0)，(name=='Zhangmei')||(age>=8) 等。

常用逻辑运算符有三种：

&&（与，表示所有条件同时成立）

||（或，表示条件至少其中一个成立）

!（非，表示条件的否命题成立）

如表 2-6 所示，参与 && 运算的值，要两个同时为 1，运算结果才是 1，否则是 0；参与 || 运算的值，只要有一个是 1，运算结果就为 1；! 运算只有一个操作布尔类的数，运算结果是该操作数的相反值。如表 2-6 所示。

表 2-6　逻辑运算规则

条件 1	条件 2	条件 1 and 条件 2	条件 1 or 条件 2	Not（条件 1）
0	0	0	0	1
0	1	0	1	1
1	0	0	1	0
1	1	1	1	0

布尔表达式运算的优先次序如下：

"( )" → "!" → "*,/,%" → "+,-" → "<,>,<=,>=" → "==,!=" → "&&" → "||"

同级运算按从左到右的顺序计算，可以用括号改变运算次序。

● 条件语句的嵌套

当条件语句中又包括条件语句时，就称为条件语句的嵌套，如图 2-3 所示。

例如：下面语句中的 else 语句部分又包含了一个 if 语句。

```
if (x<0) y=2;
else
    {
```

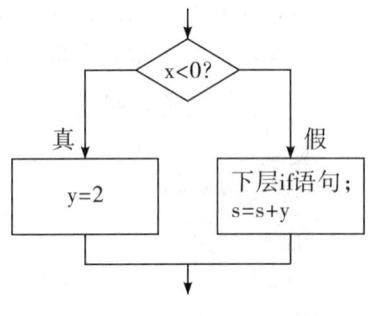

图 2-3　条件语句嵌套示例

```
        if (x >0) then y =1; else y =0;
        s = s +y;
}
```

要把这个语句执行的流程表达得更详细些,如何修改图 2 - 3 中的"假"分支?

在书写嵌套的条件语句时,要注意 if/else 的配对关系。如果条件语句中带有 else 部分,else 总会与最近的 if 配对。

【例1】分析下列命题"m,n 都是偶数或都是奇数",并用布尔表达式表示。

【分析】

(1) 当 m%2 = =0 时,m 便是偶数;当 m%2 >0 时,m 便是奇数。

(2) m,n 都是偶数,可表示为(m%2 = =0 && n%2 = =0);
    m,n 都是奇数,可表示为(m%2 >0 && n%2 >0)。

(3) 再将上面两个表达式用 || 运算连接即可。

相应的布尔表达式为:

((m%2 = =0 && n%2 = =0) || (m%2 >0 && n%2 >0))。

当使用逻辑运算符时,要注意括号的匹配,不要放错位置或遗漏。

【例2】写出运行结果,并说说该程序的作用。

```
// 程序 P9_2
#include <iostream>
#include <iomanip>
using namespace std;
int main ()
{
    double a, b, c, max;
    cin >>a >>b >>c;
    if (a >b)
        if (a >c) max = a; else max = c;
    else
        if (b >c) max = b;
        else
            max = c;
    cout << "max = " << fixed << setprecision (1) << max << endl;
    return 0;
```

}
（运算时输入30，200，80.5）

【分析】

（1）程序执行部分只有3个语句，第1个语句是读入3个数，分别存到变量a，b和c。

（2）第2个语句是一个嵌套的条件语句。该条件语句及else后又都是一个条件语句。根据最近配对原则，可以将该语句的结构按图2-4进行划分，程序如何执行就一目了然了。

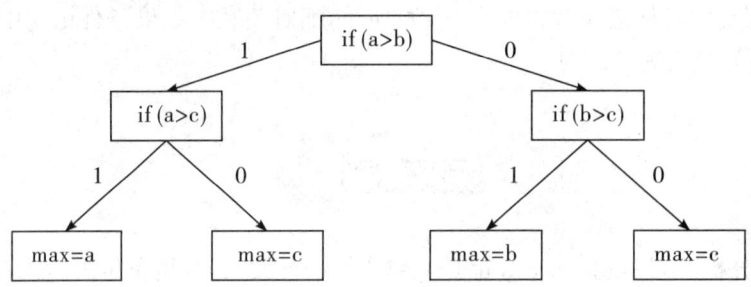

图2-4 嵌套条件语句分解

当a，b，c分别输入30，200，80.5时，因$a>b$这一条件不成立（即假），因此执行外层的else部分语句；这时因为条件$b>c$成立（即真），所以执行该层后面语句max=b，把b中的数200存放到max中。

【运行结果】

```
max = 200. 0
```

这个程序的作用是求3个数中的最大数。

请将上述条件语句采用不嵌套的方式进行改写，实现同样的功能。

【例3】判断长度为a，b，c，d的4条线段能否构成一个长方形，如果能构成就计算它的面积，否则输出信息"Can not！"。

【分析】

（1）长方形的边长应该是大于0的数，也就是a，b，c，d都要大于0，判断条件表示为：

（a>0 && b>0 && c>0 && d>0）

（2）构成长方形的条件是两组对边长度相等。现在a，b，c，d配对的可能情形有几种：

第1种：a与b为对边，c与d为对边，判断相等的表达式为：（a==b && c==d）。

第2种：a与c为对边，b与d为对边，判断相等的表达式为：（a==c && b==d）。

第3种：a与d为对边，b与c为对边，判断相等的表达式为：（a==d && b==c）。

我们可以一种一种情形来判断，如果该种情形成立就计算面积，如果不成立就再看

下一种……这可以用嵌套的条件语句实现,结构如下:

```
if (a = =b && c = =d) s = a * c;    //长方形面积=长×宽
    else if (a = =c && b = =d) s = a * b;
        else if (a = =d && b = =c) then s = a * b;
```

(3)最后,若计算过面积,说明符合条件,输出面积S,否则输出"Can not!"。

【参考程序】

```
//程序 P9_3
#include <iomanip>
#include <iostream>
using namespace std;
int main ()
{
    double a, b, c, d, s;
    cin >>a >>b >>c >>d;
    s = 0;
    if (a >0 && b >0 && c >0 && d >0)    //首先确保输入是大于0的数
    {   //这个 {} 是可以省略的,但是为了程序的结构更清晰我们保留下来
        if (a = =b && c = =d) s = a * c;    //长方形面积=长×宽
        else
            if (a = =c && b = =d) s = a * b;
            else
                if (a = =d && b = =c)   s = a * b;
    }
    if (s >0) cout <<fixed <<setprecision (2) <<"S = "<<s <<endl;    //如果能构成长方形,就输出面积
    else
        cout <<"Can not!"<<endl;    //否则输出"Can not!"
    return 0;
}
```

(1)用布尔表达式表示下列条件。

①三角形第三条边 C 的平方等于另两条边 A 和 B 的平方之和。(注:X*X 表示 X 的平方)

②正方形的四条边 a,b,c,d 相等。

③一个字符串 st 的长度大于 5 并且小于 12。

④一个三位整数 p,它刚好等于自身所有数字之和。

(2)写出下列程序的运算结果。

①
```cpp
//程序 T9_2(1)
#include<iomanip>
#include<iostream>
using namespace std;
int main()
{
    double r,l;
    bool fg;
    cin>>r;
    fg=r>0;    //当 r 大于 0 时 fg 值为真,否则 fg 值为假
    if(fg==1)
    {
        l=2*3.14*r;
        cout<<fixed<<setprecision(2)<<"L="<<l<<endl;
    }
    else
        cout<<"wrong input"<<endl;
    return 0;
}
```

(运行时输入 3)

②
```cpp
//程序 T9_2(2)
#include<iostream>
using namespace std;
int main()
{
    int num1,num2;
    cin>>num1>>num2;
    if(num1>num2) cout<<num1<<'>'<<num2<<endl;
```

```
        else
            if (num1 = = num2) cout < < num1 < < ' = ' < < num2 < < endl;
            else
                cout < < num1 < < ' < ' < < num2 < < endl;
    return 0;
}
```
（运行时输入 95 和 123）

(3) 将下列程序补充完整。
①已知边长为 x，求正方形的面积。
（注：先判断边长是否大于零）

```
//程序 T9_3 (1)
#include <iostream>
using namespace std;
int main ()
{
    double x, s;
    cin > > x;
    if _____
    {
        _____
        cout < < "S = " < < s < < endl;
    }
    return 0;
}
```

②根据学生成绩给予相应的等级：
90~100 分为 A；80~89 分为 B；60~79 分为 C；60 分以下为 D。（注：先判断成绩是否大于或等于零）

```
//程序 T9_3 (2)
#include <iostream>
using namespace std;
int main ()
{
    int sc; char ch;
    cin > > sc;
    if _____
    {
        if _____    ch = 'A';
```

```
        else
            if _____ ch = 'B';
            else
                if _____ ch = 'C';
                else
                    ch = 'D';
        cout << sc << " - " << ch << endl;
    }
    return 0;
}
```

(4) 车站行李托运收费标准是：10千克或10千克以下，按每千克按收费2.5元，超过10千克的行李，按每超过1千克增加1.5元进行收费。试编一程序，输入行李的重量，算出托运费。

(5) 输入圆的半径 r，求它的面积。（提示：圆的面积公式为 $S = 3.14 \times r \times r$）

(6) 判定3条直线 a，b，c 能否构成一个直角三角形（如图2-5所示），如果能构成，请计算出它的面积。

提示：

①直角三角形斜边的平方等于两条直角边的平方和，即如果 c 为斜边，则有 $c \times c = a \times a + b \times b$。

②直角三角形的面积为两条直角边的乘积除以2。即若 a，b 为直角边，那么面积 $S = a \times b / 2$。

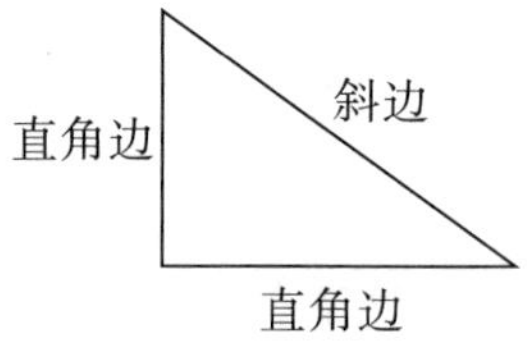

图2-5

(7) 对某产品征收税金，在产值1万元以上（包括1万元）的部分征收5%的税；在1万元以下5 000元以上（包括5 000元）的部分征收3%的税；在5 000元以下1 000元以上（包括1 000元）的部分征收2%的税；1 000元以下的部分免收税。编程计算该产品的收税金额。

(8) 某超市为了促销，规定购物不足50元的按原价付款，满50元不足100元（包括50元）的按9折付款，超过100元的，超过部分按8折付款。编一程序完成超市的自动计费工作。

第 10 课　木匠的烦恼

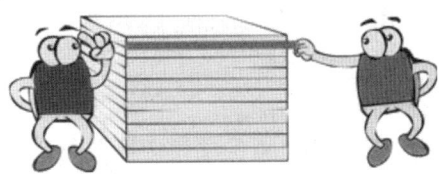

木匠李师傅要做一批大小不一的长方形桌子，因为数量太多，要计算桌面木板的总用料比较麻烦。你有什么好办法帮他算吗？

● 算桌面的总用料

每个长方形的长宽如表 2 – 7 所示，我们知道每个长方形的面积都等于长×宽，只要把这一批桌子桌面的面积逐个算出来，然后再加起来就是总面积（木板用料）了。

表 2 – 7

长	宽
2	1
1.5	1
1.2	0.8
1.2	1
1	0.5
1.5	1.2
1.3	1.1
2	1.5
1.8	1.5
1.6	1.2

```
//程序 P10_1
#include <iostream>
#include <iomanip>
using namespace std;
int main ()
{
    double a, b, s, tot_s;
    tot_s = 0;
    for (int k = 1; k <= 10; k++)        //控制下面的程序
                                         // 段执行 10 次
    {
        cin >> a >> b;      //输入长方形的长和宽
        s = a * b;          //计算该长方形的面积
```

```
            tot_s + = s;      //把面积累加起来，等同于 tot_s = tot_ s + s
        }
        cout < < fixed < < "Totol S = " < < tot_s < < endl;    //输出总面积
    return 0;
}
```

试用上面的程序帮李师傅算出表2-7中10块桌面的总用料：（　　）平方米。

在这个问题中，我们需要对以下几个步骤重复多次处理（有几张桌子，就要做几次）：

①输入长和宽。
②计算这个长方形的面积。
③把这个长方形的面积加到总面积中。
如图2-6所示的是这个程序的处理过程：

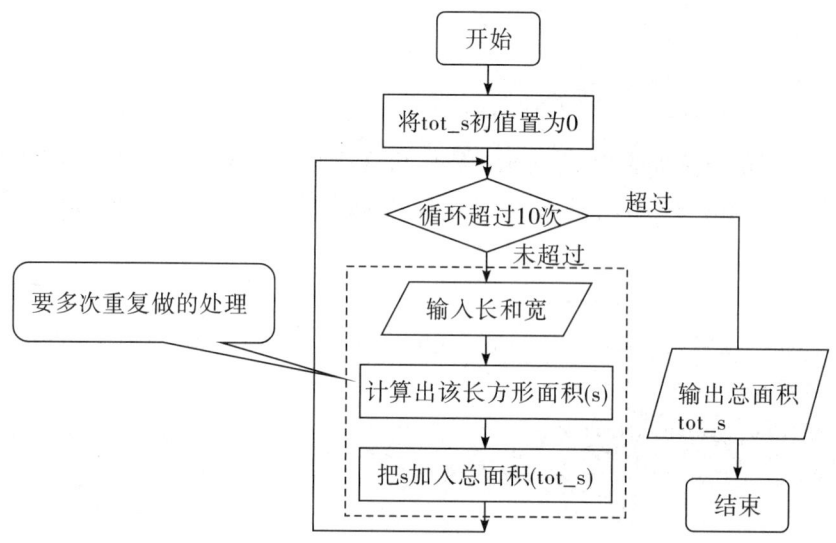

图2-6　程序P10_1执行过程图解

如果不使用控制重复的语句，你有哪些方法帮助李师傅解决问题？

● for 循环语句

格式:
```
for（表达式1；表达式2；表达式3）
{
    循环体语句块
}
```

作用:
控制重复执行循环体语句。

说明:
（1）在 for 循环语句中，表达式1通常用于给循环变量赋给初值，表达式2则是循环体是否继续执行的条件，表达式3则用于在每执行循环体后改变循环变量的值。

例如：for（int i=1；i<=10；i++）中，"int i=1"用于定义循环变量 i 并置初值 1，"i<=10"表示如果 i 的值小于等于10就执行循环体语句，"i++"表示当每执行完一次循环体后将 i 的值自动增加1。

（2）在 for 中定义的循环变量可以在循环体中引用，但 for 语句执行完成后该变量就自动"消失"，不能再在 for 之外使用。也可以定义在循环的外部，这样即使循环结束后它还可以继续利用。

例如：for（int i=1；i<=10；i++）中，循环变量 i 在该循环结束后将不能再使用。

（3）当循环体多于一个语句时，要用"{ }"括起来。
（4）不要在循环体内改变循环变量的值，否则可能造成未知的错误。
（5）for 语句的流程执行如图2-7所示。

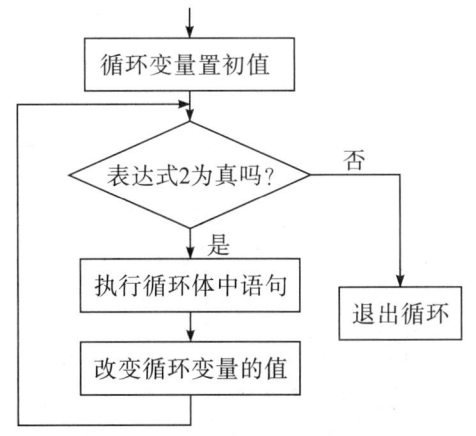

图2-7 for 语句的执行流程

(6) for 循环语句的优点在于它的灵活性。如以下所有写法都是合法的。
for (int a = 1 ; a * a < 10000 ; a = a + 2)
for (int p = 1 ; p < = 100 ; p = p * 2)
for (int p = 1024 ; p > 1 ; p = p/2)
……

无论是循环变量的初始化，循环的终止条件，还是循环变量的变化量，都可以根据程序设计的需要来灵活书写。

实例：

(1) 语句"for (h = 2 ; h < = 6 ; h + +) cout < < ' $ '"将执行"cout < < ' $ '"共 5 次，输出" $$$$$ "。（"h + +"等同于"h = h + 1"）

(2) 语句"for (h = 5 ; h > = 2 ; h - -) cout < < h"将执行"cout < < h"共 4 次，输出"5432"。（"h - -"等同于"h = h - 1"）

试运行以下两个程序，理解 for 循环语句的执行过程。

```
// 程序 P10_2
#include < iostream >
#include < iomanip >
using namespace std;
int main ( )
{
    int k;
    for ( k = 1 ; k < = 5 ; k + + )
      cout < < setw ( 5 ) < < "K = " < < k;
    cout < < endl;
    cout < < "LK = " < < k < < endl;
    return 0;
}
```

```
// 程序 P10_3
#include < iostream >
#include < iomanip >
using namespace std;
int main ( )
{
    int k = 100;
    for ( k = 5 ; k > = 1 ; k - - )
      cout < < setw ( 5 ) < < "K = " < < k < < endl;
    cout < < endl;
    cout < < "Lk = " < < k < < endl;
    return 0;
}
```

【例 1】 写出下列程序的运算结果。

```
// 程序 P10_4
#include < iostream >
#include < iomanip >
using namespace std;
```

```
int main ()
{
    int n;
    char ch;
    n = 0;
    for (ch = 'A'; ch < = 'D'; ch + +)
    {
        switch (ch)
        {
            case 'A':
                cout < < setw (20) < < ch < < endl;
                break;
            default:
                cout < < setw (20 - n) < < ch < < setw (2 * n) < < ch < < endl;
        }
        n + +;
    }
    return 0;
}
```

【分析】

(1) 本程序的主要部分为 for 循环语句,该语句通过字符型的变量 ch 来控制循环,该变量变化的顺序是:'A','B','C','D'。

(2) 当 ch 为'A'时,通过执行 switch – case 语句中的 cout < < setw (20) < < ch < < endl,便在左端留空 19 个格,然后输出"A",再接着执行 n ++(等同于 n = n + 1),使 n 得到 1。

(3) 当 ch 为'B'时,执行 switch – case 语句中的 default 部分,便在左端留出 20 - 1 - 1 = 18 个空格,然后输出"B",再隔 2 * 1 - 1 = 1 个空格后输出"B",再接着执行 n ++,使 n 得到 2。

(4) 当 ch 为'C' ~ 'D'时,依次类推。

【运行结果】

程序最终运算结果见表 2 – 8。

表 2 – 8　n 值与输出图案的关系

输出一行后 n 值变化	每循环一次,输出一行,最终形成一个三角形图案
1	A
2	B　B
3	C　C
4	D　D

【例2】统计1~200间整数之和。

【分析】

（1）设用 k 表示某个整数，用 s 存放整数之和。

（2）k 的变化过程是从1增加到200，这可以用 for 语句实现。

（3）在 k 变化过程中，k 不断累加入 s，循环结束后，s 的值就是1~200间的整数和。

（4）在未将 k 加入 s 之前，s 应该清为零。

【参考程序】

```
//程序 P10_5
#include <iostream>
using namespace std;
int main ()
{
    int s;        //存放和
    s = 0;        //先将存放累加和的变量清零
    for (int k = 1; k <= 200; k++)
    s += k;       //重复200次，将 k 加入 s 中，等同于 s = s + k
    cout << "S = " << s << endl;
    return 0;
}
```

如果题目改为"求1~200间的偶数和"，应如何修改以上程序呢？

【例3】输入一批角的度数，让计算机统计其中有多少个直角。

【分析】

（1）假设用 n 来表示角的个数，那么在进行输入度数和统计之前先要输入 n 的值。以便确定对多少个角进行处理。

（2）要设置一个变量存放直角数。

（3）需要对 n 个角进行重复处理：

输入度数并判断是否为直角（90度），若是直角则直角数加1。这部分处理可以用 for 语句实现：

```
for (int  k = 1; k <= n; k++)
{
    输入度数；
    如果是90度，就将直角数加1
}
```

【参考程序】

```cpp
//程序 P10_6
#include <iostream>
using namespace std;
int main ()
{
    int n, angle, m = 0; //n 存放角个数, m 存放直角数, m 初始值为 0
    cout << "N = ";
    cin >> n; //输入角的个数
    for (int i = 1; i <= n; i++)      //重复 n 次
    {
        cin >> angle;      //输入某个角的度数
        if (angle == 90) m++;      //如果是直角, 就将 m 增加 1
    }
    cout << "M = " << m << endl;      //输出直角数
    return 0;
}
```

将上述程序中的 for 换成递减型 for 语句, 程序能实现相同的功能吗?

【例4】找出一批圆中面积最小的圆, 输出它的编号和面积。

【分析】

(1) 假定这批圆共有 m 个, 那么我们要对它们进行重复处理: 输入圆的编号和面积, 将该圆面积与目前已知的最小面积比较, 如果它的面积比目前已知的最小面积还要小, 就记下本次面积为最小面积, 并记下圆的编号。

(2) 经过 m 次重复的处理后, 就可以找出最小面积及该圆的编号。

【参考程序】

```cpp
//程序 P10_7
#include <iostream>
#include <iomanip>
using namespace std;
int main ()
{
    int m, no, minno; //m 表示圆的个数, no 表示临时放圆的编号, minno 表
                      //示最小圆的编号
    double s, mins;   //s 表示临时放圆的面积, mins 表示最小圆的面积
```

```cpp
cin>>m;           //输入圆的个数
mins=1000000;     //循环前将记录最小面积的变量给一个较大的数
for(int i=1;i<=m;i++)    //重复做m次处理
{
    cin>>no>>s;   //输入一个圆的编号和面积
    if(s<mins)    //如果该圆面积比目前所记录的还要小
    {
        mins=s;   //记下新的最小面积和编号
        minno=no;
    }
}
cout<<"MinNo:"<<minno<<" ";    //输出结果
cout<<fixed<<setprecision(2)<<"MinS:"<<mins<<endl;
return 0;
}
```

(1) 写出下列程序的运行结果。

①
```
//程序 T10_1 (1)
#include <iostream>
using namespace std;
int main ()
{
    for (int k=1; k<=5; k++)
      if (k>3) cout<<6-k<<endl;
    return 0;
}
```

本程序的运行结果：

②
```
//程序 T10_1 (2)
#include <iostream>
#include <iomanip>
using namespace std;
int main ()
{
    for (int k=3; k<=8; k++)
      cout<<setw(k)<<'*'<<endl;
    return 0;
}
```

本程序的运行结果：

③
```
//程序 T10_1 (3)
#include <iostream>
#include <string>
using namespace std;
int main ()
{
    int len;
    string nm;
    cin>>nm;
    len=nm.size();
    for (int i=len-1; i>=0; i--)
      cout<<nm[i];
    cout<<endl;
    return 0;
}
```
(运行时输入：'school')

本程序的运行结果：

④
```
//程序 T10_1 (4)
#include <iostream>
using namespace std;
int main ()
{
    int x, y, s;
    s=1;
    for (char h='d'; h>='b'; h--)
    {
        cin>>x>>y;
        s+=x*y;      //等同于 s=s+x*y
    }
    cout<<s<<endl;
    return 0;
}
```
(运行时输入：1, 2, 3, 4, 5, 6)

本程序的运行结果：

（2）根据题目的要求，将下面程序补充完整。

① 输出100~200之间的奇数。
```
//程序 T10_2（1）
#include<iostream>
#include<iomanip>
using namespace std;
int main()
{
    for(int i=100; i<=200; i++)
        if _____ cout<<setw(5)<<i;
    return 0;
}
```

② 求全班50位同学的语文平均分。
```
//程序 T10_2（2）
#include<iostream>
using namespace std;
int main()
{
    double sc, tot;
    tot=0;
    for(int i=1; _____; i++)
    {
        cin>>sc;
        _____;
    }
    cout<<tot/50<<endl;
    return 0;
}
```

（3）现有一批大小不等的正方形，请你编程序统计其中面积大于1的正方形总面积。

（4）5个四年级同学手拉手围成一圈，周长是多少？（提示：模拟产生每位同学张开手时的长度，一般在1.3~1.6米之间）

（5）编程输入8个梯形的面积，统计出平均面积。

（6）现需制作一批大小不等的长方形铝制窗框，请你算算需要用料多少米。如表2-9所示。

表2-9

输入样例	输出样例
3　（窗框数） 2 3　（每个窗框的两条邻边长） 2 4 4 3	36（用料总长度）

（7）一个两位数 x，将它的个位数字与十位数字对调后得到一个新数 y，此时 y 恰好比 x 大36，请编程求出所有这样的两位数。

（8）编程让计算机自动出10道三位数以内的加法题，每出一道题作答一次，然后计算机判别该题作答是否正确，正确的显示"Right!"，错误的显示"Wrong!"。

第 11 课　美丽的统计图

如图 2-8 所示，统计图能形象地表示事物之间的数量关系。它具有形象直观、通俗易懂、便于比较等显著特点，在资料的统计分析中发挥着重要作用。

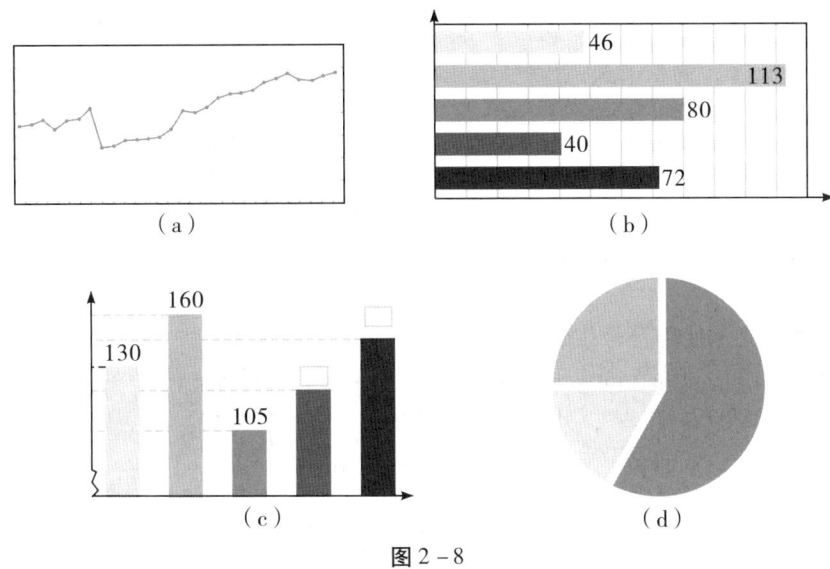

图 2-8

只要你提高了编程水平，通过编程序来画出这些美丽的统计图也就不难了！我们现在就从最简单的开始吧。

● 画矿泉水销量统计图

用计算机程序画出表 2-10 中几种矿泉水的销量统计图。

表 2-10　几种矿泉水的销量统计表

品牌	A	B	C	D
数量/箱	25	48	36	15

```
//程序 P11_1
#include <iostream>
using namespace std;
int main ()
{
    int s1, k;
```

```
        for ( char ch = 'A'; ch < = 'D'; ch + + )    //循环 'A' 到 'D'，控制循
                                                       环体执行 4 次
        {
            cin > > sl;       //读入某种矿泉水的数量
            cout < < ch < < ':';       //显示品牌名称及 ':'
            for ( int k =1; k < = sl; k + + )   cout < < ' = ';    //在同一行中
画出 sl 个 ' = '
            cout < < ' ( ' < < sl < < ' ) ' < < endl;    //输出数量并换行
        }
        return 0;
    }
```

试运行以上程序，并在同一行输入四种矿泉水的数量，看看能画出什么。

上面的程序只是使用符号来表示统计表。

在程序中，语句"for (int k =1; k < = sl; k + +)   cout < < ' = ';"用来画出某种矿泉水的数量对应的 sl 个 ' = '，外层 for 语句"for (char ch = 'A'; ch < = 'D'; ch + +);"用于控制 A，B，C，D 四种矿泉水有关数据的输入和画 ' = '等。

● 多重循环

当一个循环语句的循环体又包含循环语句时，这种结构称为多重循环，也称为循环的嵌套。外层的循环叫作外循环，内层的循环叫作内循环。各层循环的循环控制变量不能相同。

实例：

```
//程序 P11_2
#include < iostream >
#include < iomanip >
using namespace std;
int main ( )
{
    for ( int k =1; k < =4; k + + )
    {
        cout < < k < < ":";
```

```
        for(int h=2;h<=4;h++)
            cout<<setw(3)<<h;
        cout<<endl;
    }
    return 0;
}
```

在循环语句for(int k=1;k<=4;k++)的循环体中,又含有循环语句for(int h=2;h<=4;h++),这就是多重循环。多重循环执行时有什么特点呢?

我们看看以上程序的运行结果:

```
1:  2  3  4
2:  2  3  4
3:  2  3  4
4:  2  3  4
```

其中每行左端第一个是外层循环 k 的值,k 的值从初值1递增到终值4,控制它的循环体执行4次如下的处理:

①通过"cout<<k<<":";"语句输出 k 的值及":",但不换行。

②通过"for(int h=2;h<=4;h++);"语句循环3次,分别输出 h 的值" 2 3 4"。

③通过"cout<<endl;"语句换行。

内层循环体"cout<<setw(3)<<h;"执行的次数为:外层循环次数4×内层循环次数3=12次。

【例1】分析以下程序,写出程序的运行结果。

```
//程序 P11_3
#include<iostream>
using namespace std;
int main()
{
    int n;
    cin>>n;
    for(int i=1;i<=n;i++)
    {
        for(int j=1;j<=i*2;j++)
            cout<<i;
```

```
        cout<<endl;
    }
    return 0;
}
```
(运行时输入：3)

【分析】

(1) 当输入3给n时，通过外层循环"for(int i=1;i<=n;i++);"将控制它的循环体执行3次，i的值从1递增到3。

(2) 内层循环"for(int j=1;j<=i*2;j++);"会根据i的值确定循环的次数：
例如：
当i为1时其终值为2，使cout<<i执行2次，从而输出"11"；
当i为2时其终值为4，使cout<<i执行4次，从而输出"2222"；
当i为3时其终值为6，使cout<<i执行6次，从而输出"333333"；
每执行完一次内层for语句后，再通过"cout<<endl;"语句换行。

【运行结果】

```
11
2222
333333
```

试修改以上程序，使该程序能在输入5时输出以下图案。

```
@
@@
@@@
@@@@
@@@@@
```

【例2】某人想将一张面值为100元的人民币兑换成5元、2元和1元面值的纸币，但要求零钱总数为50张，且每种面值的纸币至少1张。试编程序输出每种换法。

【分析】

(1) 因为要求三种面值的人民币每种至少换1张，所以当2元和1元都只换1张时，则5元所换的张数最多只能是（100-1-2）÷5的整数，即19张。因此可以使用循环"for(int i=1;i<=19;i++);"将5元面值的人民币数从1~19去试换。

(2) 同样道理，100元人民币换成2元面值的人民币，最多只能换（100-1-5）÷2的整数，即47张。也可以使用循环"for(int j=1;j<=47;j++);"将2元面值的人民币数从1~47去试换。

(3) 确定了5元及2元面值的张数,再由 k = 100 - i * 5 - j * 2 可算出面值1元的张数。(其中 i, j 分别为5元及2元面值的张数)

(4) 再看兑换的总张数 i + j + k 是否等于50? 如果等于,这就是其中一种兑换办法。

【参考程序】

```
// 程序 P11_4
#include <iostream>
using namespace std;
int main ()
{
    //i, j, k 分别为5元、2元和1元面值人民币的张数
    int k;
    for (int i =1; i <=19; i ++)     //5元币的可能范围是1~19张
        for (int j =1; j <=47; j ++)     //2元币的可能范围是1~47张
        {
            k = 100 - i * 5 - j * 2;     //1元币的张数
            if (k > 0 && i + j + k == 50)
                cout << "5:" << i << " " << "2:" << j << " " << "1:" << k << endl;     //输出结果
        }
    return 0;
}
```

如果还要计算出有多少种兑换方案,如何修改以上程序?

【例3】为了鼓励同学们学好数学,班里决定举行4位数以内的两个数的加法运算答题大赛,现将全班同学分成3个小组,以小组为单位参加答题比赛,每组回答4小题,答对一题得25分。

请编一个程序,让计算机帮忙完成这次比赛的出题和计分工作。

【分析】

(1) 计算机对每道题需要做的处理如图2-9所示。

(2) 每小组要回答4小题,需要让计算机重复进行4次如图2-10所示的处理,这可用for语句实现对重复的控制。

(3) 因为有3个小组要答题,所以使用for语句控制第(2)点的处理,重复执行3次即可。

(4) 使用随机函数来实现随机出题,还需要设置4个变量分别计算各组的得分。

本程序的完整处理过程是:

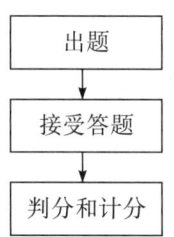

图2-9 计算机对每道题的处理

【参考程序】

```
//程序 P11_5
#include <ctime>
#include <cstdlib>
#include <iostream>
using namespace std;
int main ()
{
    int a, b, as, s1, s2, s3;
    s1 = s2 = s3 = 0;    //连等，等同于 s1=0, s2=0, s3=0
    srand (time (NULL));   //设置随机种子
    for (int i =1; i <=3; i++)   //3 个小组答题，故控制循环 3 次
    {
        cout <<endl;
        cout <<"team:"<<i<<endl;  //提示现由第 i 组答题
        for (int j =1; j <=4; j++)    //每组要作答 4 小题，故控制循环 4 次
        {
            a = rand ()%10000;  //产生问题
            b = rand ()%10000;
            cout <<" ("<<j<<")"<<a<<"+"<<b<<"=";
            cin >>as;
            if (as ==a+b)
            switch (i)    //答对的时候，选择对应的组别加分
            {
                case 1:    //如果 i 为 1，说明目前是第 1 组作答，将 s1 增加 25
                    s1 +=25;
                    break;
                case 2:
                    s2 +=25;
                    break;
                case 3:
                    s3 +=25;
            }
        }
    }
    cout <<"total point:"<<endl;
    cout <<"s1 = "<<s1<<" "<<"s2 = "<<s2<<" "<<"s3 = "<<s3<<endl;
    return 0;
}
```

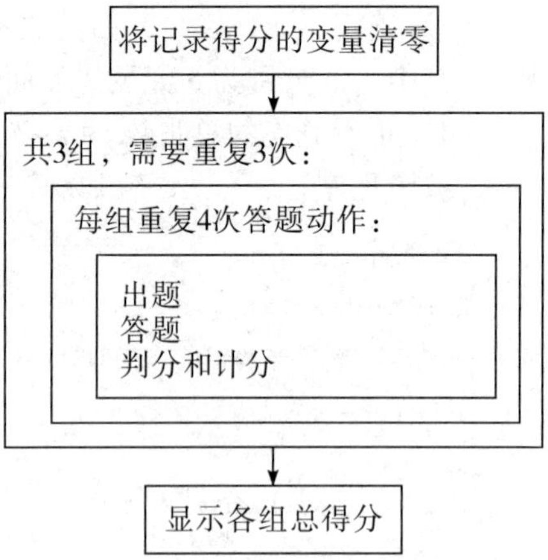

图 2-10 答题比赛计算机处理流程

展示实力

(1) 写出下列程序的运行结果。

①
```
//程序 T11_1 (1)
#include<iostream>
#include<iomanip>
using namespace std;
int main ()
{
    int k, t, m1, m2;
    cin>>m1>>m2;
    for (int k=1; k<=m1; k++)
        for (int t=1; t<=m2; t++)
            cout<<setw(3)<<k<<'-'<<t<<endl;
    return 0;
}
(运行时输入：2 和 3)
```

本程序的运行结果：

②
```
//程序 T11_1 (2)
#include<iostream>
#include<iomanip>
using namespace std;
int main ()
{
    for (int k=1; k<=4; k++)
    {
        cout<<setw(10-k)<<' ';
        for (int t=1; t<=2*k-1; t++)
            cout<<'*';
        cout<<endl;
    }
    return 0;
}
```

本程序的运行结果：

③
```
//程序 T11_1 (3)
#include<iostream>
#include<iomanip>
using namespace std;
int main ()
{
    for (int h=1; h<=9; h++)
    {
        for (int t=h; t>=1; t--)
            cout<<setw(3)<<h<<'*'<<t<<'='<<h*t;
        cout<<endl;
    }
    return 0;
}
```

本程序的运行结果：

④
```
//程序 T11_1 (4)
#include<iostream>
#include<iomanip>
using namespace std;
int main ()
{
    int n, f;
    cin>>n;
    for (int d=2; d<=n; d++)
    {
        f=0;
        for (int b=2; b<=d/2; b++)
            if (d%b==0) f=1;
        if (f==0) cout<<setw(4)<<d<<endl;
    }
    return 0;
}
(运行时输入：6)
```

本程序的运行结果：

(2) 根据题目的要求，将程序或程序段补充完整。

①输出如下倒"金字塔"图案：

```
33333
 222
  1
```

```cpp
//程序 T11_2 (1)
#include<iostream>
#include<iomanip>
using namespace std;
int main()
{
    int _____, p=1;
    for(int t1=n; t1>=1; t1--)
    {
        cout<<setw(p);
        for(int t2=1; _____; t2++)
            cout<<t1;
        cout<<endl;
        p++;
    }
    return 0;
}
```

②上街采购，用1 250元买了90只鸡，其中母鸡37.5元一只，公鸡25元一只，小鸡12.5元一只，正好把钱用完。问母鸡、公鸡、小鸡各买多少只？

```cpp
//程序 T11_2 (2)
#include<iostream>
using namespace std;
int main()
{
    int k;
    for(int i=1; i<=33; i++)
        for(int j=1; j<=50; j++)
        {
            k=_____;
            if(i*37.5+j*25+k*12.5==1250)
                cout<<i<<" "<<j<<" "<<k<<endl;
        }
    return 0;
```

}
本程序的运行结果：

（3）已知4种动物的最高时速如表2-11所示。

表2-11

动物名称	猫	狮子	大象	马
最高时速/（km/h）	48	80	40	72

请编程制作一个简单的动物时速统计图。

（4）李叔叔2011—2015年收到的电子邮件数量如表2-12所示。

表2-12

年份	2011	2012	2013	2014	2015
邮件/封	160	200	250	180	320

请编程帮李叔叔制作如下所示的统计图，以帮助分析邮件数量的情况。

2011：@@@@@@@@@@@@@@@@ （160）
2012：@@@@@@@@@@@@@@@@@@@@ （200）
2013：@@@@@@@@@@@@@@@@@@@@@@@@@ （250）
2014：@@@@@@@@@@@@@@@@@@ （180）
2015：@@@@@@@@@@@@@@@@@@@@@@@@@@@@@@@@ （320）

（5）输入若干个英文单词，统计这些单词中大写字母"A"、"B"和"C"出现的次数。

表2-13

输入样例	输出样例
3 ABOUT AM LAST	A：3 B：1 C：0

（6）新学年就要开始了，爸爸把5元（即50角）钱给了小青，让他购买一批文具，并做了以下要求：只能买圆珠笔、铅笔和铅笔芯，并且每样至少买一支，总数要超过30支。

当小青去到文具店时，发现圆珠笔8角钱一支、铅笔2角钱一支、铅笔芯1角钱一支。小青怎么买才能符合爸爸的要求呢？请你编个程序帮帮他吧。

（7）四年级1班要举行两位数的加法运算答题大赛，现将全班同学分成4个小组，以小组为单位参加答题比赛，每组回答5小题，答对一题得20分。

请编一个程序，让计算机帮忙完成这次比赛的出题和计分工作，最后比赛结果以统计图的形式公布。

（提示：可在例3程序的基础上进行修改，最后输出结果可用4个单重循环分别输出4个小组的统计图形）

一、基础知识

（一）随机性问题

解决随机模拟问题的一般方法 $\begin{cases} 开头加\#include<ctime>，\#include<cstdlib> \\ ①初始化随机种子：使用过程 srand（time（NULL）） \\ ②按要求产生随机数：使用随机函数 rand（） \\ ③对随机数进行处理 \end{cases}$

（二）本单元用到的几个头文件

在 C++ 中有一个很重要的概念就是头文件，C++ 标准库的头文件中包含了很多功能函数，我们在编程时可以根据需要调用。在本单元中用到的几个头文件介绍如表 2-14 所示。

表 2-14 本单元的几个头文件

头文件名称	作用	说明
iostream	数据流输入/输出	提供用 cin、cout 等语句进行输入输出的功能；所有的 C++ 程序都应包含这个头文件
iomanip	参数化输入/输出	要使用格式化输出时（如用 setw，setprecision 等），要包含这个头文件
string	字符串类	包含一些字符串处理的函数
ctime	时间/日期实用程序	提供 time（）等函数
cstdlib	一般用途的实用程序，比如程序控制、动态内存分配、随机数、排序及搜索	提供 rand（），srand（）等函数

（三）几个输出格式函数

1. setw（n）

设后面输出的一项的域宽为 n 个字符，后面接着要输出的一项内容不足 n 位时，输出时左端以空格补足；后面要输出的内容超过 n 位时，按实际位数输出。

例如：语句"cout＜＜setw（3）＜＜1＜＜setw（3）＜＜20＜＜setw（3）＜＜300＜＜setw（3）＜＜9999＜＜endl"的输出结果为：__1_20 300 9999

2. setprecision（n）

设后面输出项的内容按 n 位有效数字（不含小数位）输出。

如 cout＜＜setprecision（4）＜＜125.123456789＜＜endl 的输出结果为：125.1。

cout＜＜setprecision（7）＜＜125.123456789＜＜endl 的输出为：125.1235。（被省去的那位数字会四舍五入）

3. fixed

按定点数方式输出后面一项的内容。

如 cout＜＜123456789.123456789 输出为：1.23457E+008。（浮点方式输出）

cout＜＜fixed＜＜123456789.123456789 输出为：123456789.123457。（定点方式输出）

当 fixed 与 setprecision（）配合使用时，可设置输出项的小数位数，如：

cout＜＜fixed＜＜ setprecision（4）＜＜123456789.123456789 输出为：123456789.1235。（以四舍五入、保留小数点后四位小数的定点方式输出）

二、算法与计算机解题步骤

算法就是解决问题的过程和方法。用计算机求解问题，一般有如下步骤。

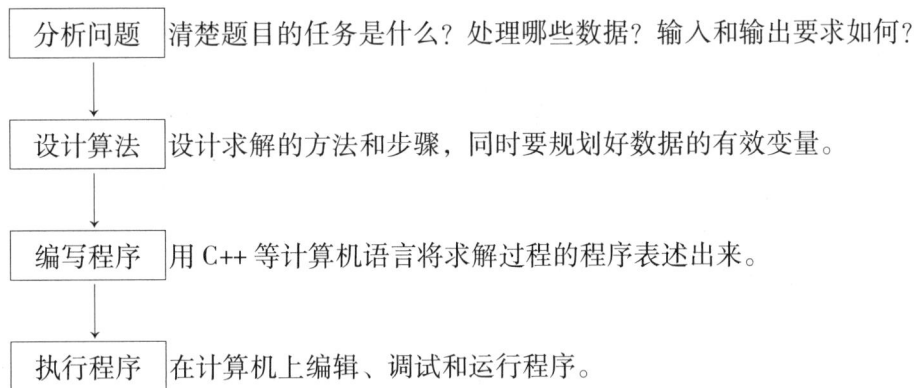

三、流程图

流程图是表示算法的一种直观方法，它能方便我们编写程序，但计算机不会识别流程图。常用流程图符号如图 2-11 所示。

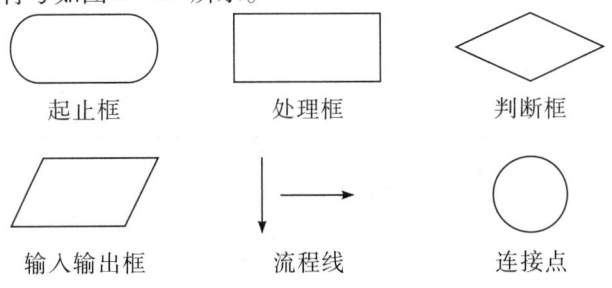

图 2-11　常用流程图符号

四、程序的分支结构

（一）布尔表达式

布尔表达式 $\begin{cases} \text{布尔值：true、1（真），false、0（假)} \\ \text{关系运算：}>,\ >=,\ <,\ <=,\ ==,\ != \\ \text{逻辑运算：!（非），\&\&（与），||（或）} \end{cases}$

（二）分支结构的有关语句

1. 分支结构的两种语句

$\begin{cases}\text{条件语句}\begin{cases}\text{if（条件）＜语句1＞ else ＜语句2＞} \\ \text{（当＜语句1＞或else后面要执行的是多于一个语句时，用"\{\}"括起来）} \\ \text{if 语句的嵌套：} \\ \text{例：} \\ \text{if（条件1）} \\ \quad\text{if（条件2）＜执行语句＞} \\ \text{else} \\ \quad\text{if（条件3）＜执行语句＞}\end{cases}\\ \text{多分支语句}\begin{cases}\text{switch（表达式）} \\ \{ \\ \quad\text{case 值1：＜语句1＞ break；} \\ \quad\text{case 值2：＜语句2＞ break；} \\ \quad\cdots\cdots \\ \quad\text{常量表 }n\text{：＜语句 }n\text{＞break；} \\ \quad\text{default：＜语句 }n+1\text{＞} \\ \}\end{cases}\end{cases}$

2. 分支结构语句的特点

分支结构语句不是按顺序执行所有语句，而是根据条件或表达式的值决定执行哪一部分语句。

多分支语句可以看作是条件语句的一种特殊表达方式。

```
if(x==1) y=a+b;
if(x==2) y=a-b;         等同
if(x==3) y=a*b;
```

```
switch(x)
{
  case 1: y=a+b; break;
  case 2: y=a-b; break;
  case 3: y=a*b; break;
}
```

3. 语句的执行流程

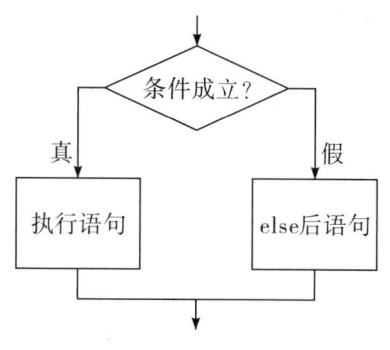

图 2-12　if 语句的执行流程

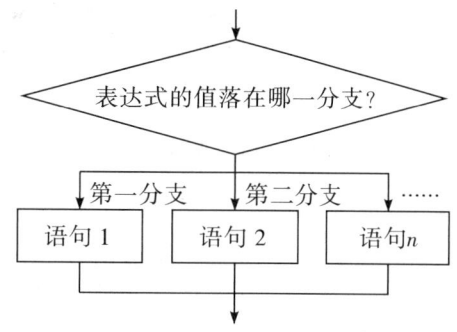

图 2-13　switch 语句的执行流程

4. 条件语句的嵌套

一个条件语句的执行分支中又含有条件语句时，即为条件语句的嵌套。

例如：if 里面又有 if，if 里面又有 switch，switch 里面又有另一个 switch 等情况。

五、循环语句

（一）for 语句

格式：

for（表达式 1；表达式 2；表达式 3）
　　<循环体>

作用：

当表达式 2 为真时，控制循环体重复执行，避免了大量重复工作。

在 for 循环语句中，表达式 1 通常用于给循环变量赋初值，表达式 2 则是循环体是否继续执行的条件，表达式 3 则用于在每执行一次循环体后改变循环变量的值。

说明：

（1）循环变量的定义可以放在 for 的里面，这样循环结束以后这个变量就会自动"消失"。

（2）当循环体多于一个语句时，要用"{ }"括起来。

（3）不要在循环体内改变循环变量的值，否则可能造成未知的错误。

（4）当循环语句的循环体中又包含有循环语句时，就是循环嵌套。循环嵌套最内层循环体执行的次数等于各层循环执行次数的乘积。

（二）for 语句执行流程

for 语句的执行流程如图 2-14 所示。

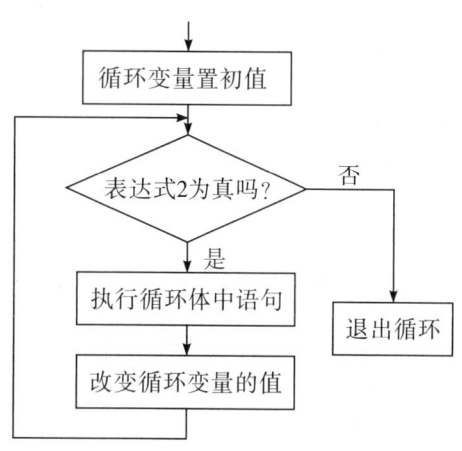

图 2-14　for 语句的执行流程

(1) 写出下列程序的运行结果。

①
```cpp
//程序 dy2_1 (1)
#include<iostream>
#include<iomanip>
using namespace std;
int main()
{
    double x, x1;
    cin>>x;
    if (x>=0)
    {
        x1=x*x;
        cout<<fixed<<setprecision(2)<<"x*x="<<x1<<endl;
        cout<<fixed<<setprecision(1)<<"x="<<x<<endl;
    }
    return 0;
}
```

(运行时输入：5)

本程序的运行结果：

②
```cpp
//程序 dy2_1 (2)
#include<iostream>
using namespace std;
int main()
{
    double s;
    char ch;
    cin>>s;
    if (s>=0 && s<=100)
    switch ((int)(s)/10)
    {
        case 10: ch='A'; break;
        case 9:
            ch='A'; break;
        case 8:
            ch='B'; break;
        case 7:
            ch='C'; break;
        case 6: ch='C'; break;
        default: ch='D';
    }
    cout<<s<<"-"<<ch<<endl;
    return 0;
}
```

(运行时输入：85.3)

本程序的运行结果：

续上

③
```
//程序dy2_1(3)
#include<iostream>
#include<iomanip>
using namespace std;
int main()
{
    int r=10;
    for(int i=1;i<=5;i++)
    {
        cout<<setw(r)<<" ";
        for(int j=1;j<=2*i-1;j++)
            cout<<j;
        cout<<endl;
        r--;
    }
    return 0;
}
```
本程序的运行结果:

④
```
//程序dy2_1(4)
#include<iostream>
using namespace std;
int main()
{
    int n,s;
    cout<<"n=";cin>>n;
    s=1;
    for(int i=1;i<=n;i++)  s+=3*i;
    cout<<"s="<<s<<endl;
    return 0;
}
```
(运行时输入：5)

本程序的运行结果:

(2) 分析下列问题及对应的程序，将程序补充完整。

①计算从1到20每个数的平方之和。
```
//程序dy2_2(1)
#include<iostream>
using namespace std;
int main()
{
    int p,s;
    _____
    for(int i=1;i<=20;i++)
    {
        p=i*i;
        _____
    }
    cout<<"S="<<s<<endl;
    return 0;
}
```

②统计一个字符串中英文字母的个数。
```
//程序dy2_2(2)
#include<string>
#include<iostream>
using namespace std;
int main()
{
    int len,x,coll; string st;
    cin>>st; len=st.size();
    _____
    for(int i=0;i<len;i++)
    {
        x=st[i];
        if _____ coll++;
    }
    cout<<coll<<endl;
    return 0;
}
```

续上

③让计算机完成N组以下的运算：
输入两个实数，再输入+、-、* 或/号，根据运算符输出这两个数的和、差、积或商。

```
//程序 dy2_2 (3)
#include <iostream>
#include <iomanip>
using namespace std;
int main ()
{
    int n;
    double a, b, s;
    char op;
    _____
    for (int i =1; i <=n; i++)
    {
        cin>>a>>b>>op;
        switch ____
        {
            case '+': s = a+b;
                break;
            case '-': s = a-b;
            _____
            case '*':
                s = a*b;
            break;
            case '/':
                s = a/b;
            break;
        }
        cout<<fixed<<setprecision (2)
            <<a<<op<<b<<'='<<s<<endl;
    }
    return 0;
}
```

④求100~999中的水仙花数和个数。如果三位数abc，满足a*a*a+b*b*b+c*c*c = abc，则称abc为水仙花数。例如：153是水仙花数，因为$1^3 + 5^3 + 3^3 = 1+125+27 = 153$。

```
//程序 dy2_2 (4)
#include <iostream>
using namespace std;
int main ()
{
    int a, b, c, gs =0;
    for (int i =100; i <=999; i++)
    {
        a = i/100;
        _____
        c = i%10;
        if _____
        {
            cout<<i<<endl;
            gs++;
        }
    }
    cout<<"gs = "<<gs<<endl;
    return 0;
}
```

（3）输入一段英文字（255个字符以内），求文段中单词的个数。（提示：单词之间通常以标点符号和空格隔开）

输入样例：In my opinion, it doesn't amount to very much.

输出样例：10

（4）有一天小猴摘了很多桃子，当即吃了一半，还觉得不过瘾，又多吃了一个；第2天接着吃了剩下的桃子中的一半，仍不过瘾，又多吃了一个；以后每天都吃尚存桃子的一半多一个。到第5天早上就只剩下一个了，问小猴第一天共摘了多少个桃子？

（5）计算机产生一个0~100的随机整数让你猜。计算机对你猜的数与产生的随机整数比较，并就不同情况做出三种不同的反应，太大（TOO BIG），太小（TOO SMALL），正好（FIT）。当猜中时，就输出你猜的次数和猜中的数。

（6）输入一串小写字母（以"."为结束标志），统计出每个字母在该字符串中出现的次数（若某字母不出现，则不要输出）。

输入样例：aaaabbbccc.

输出样例：a：4　b：3　c：3

第三单元 家庭总动员

第12课 小冬冬一家子

小冬冬家里有爷爷、奶奶、外公、外婆、爸爸、妈妈和小冬冬共7口人。虽然每个人都有不同的个性和爱好，但他们都互相关心、融洽相处，生活过得很幸福、快乐。

你想知道小冬冬家谁的体重最重吗？

小冬冬一家子的状况			
编号	成员	年龄/岁	身高/厘米	体重/千克
1	爷爷	68	175	66
2	奶奶	62	160	50.5
3	外公	65	172	65.5
4	外婆	63	158	46
5	爸爸	35	178	70
6	妈妈	32	162	45
7	小冬冬	10	142	30

● 找找谁最重

每个人的体重都量出来了，通过比较体重数据，我们就能找出最重的家庭成员是谁。程序也能帮我们的忙：

```
// 程序 P12_1
#include <iostream>
#include <iomanip>
using namespace std;
int main ()
```

```
    }
        double tz, maxtz;      //tz 存体重, maxtz 存最大体重
        int num, bh;           //num 存最大体重的家庭成员编号, bh 用于输入成员编号
        maxtz=0;               //置一个比所有人体重都小的数
        do
        {
            cin>>bh>>tz;       //输入一个人的编号和体重
            if(bh>0)           //如果输入的编号大于 0 就做处理
                if(tz>maxtz)   //如果这个体重比之前的最大那个还大,记下编号和
                                 体重
                {
                    maxtz=tz;
                    num=bh;
                }
        }
        while(bh>0);           //当输入的编号大于 0 时,继续循环,否则结束
        cout<<"bh = "<<num;
        cout<<" maxtz = "<<fixed<<setprecision(1)<<maxtz<<endl;   //输出最重人的编号和体重
        return 0;
    }
```

说明：

(1) 在本例中,先不考虑有多少个人的数据要处理,而是设定以编号是否大于 0 作为结束循环处理的条件。当输入的编号大于 0 时,认为是有效的数据,进行比较等处理；当输入的编号小于等于 0 时,认为是一个无效数据,就结束循环。

(2) 程序中用 maxtz 记录最大体重、num 记录最重人的编号。未开始进行数据比较前,先将一个比所有体重都小的数存入 maxtz 中（这里置 0）,以便于后面 maxtz 同某个体重比较时,如果该体重比 maxtz 中记录的大,就将它存入 maxtz 并记下。

(3) 找出最大体重的过程是：输入体重→比较体重与 maxtz,如果前者大就将它存入 maxtz 中,并记下对应的成员编号。这样重复多次,直到输入的编号小于等于 0 时为止。

如果要找出体重最轻的成员编号和他的体重,你知道如何修改程序吗？

● do – while 循环语句

格式:
```
do
{
    循环体;
}
while (表达式);
```

作用:

不断执行循环体并计算和检测表达式的值,直到表达式的值为假(0)时才结束循环,转到while的下一个语句。执行过程如图3–1所示。

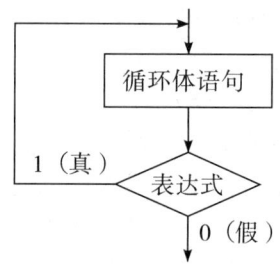

图3–1 do–while 循环的执行流程

说明:

(1) 在书写 do – while 循环语句时,do 和 while 一定要配对写,不能漏掉任何一个。

(2) do 后不能加分号 ";",否则计算机当它是一个独立的语句,将出现错误。

(3) while 语句最后面要加分号,表示这是一个语句的结束。

(4) 当循环体多于1个语句的时候,要用"{ }"括起来。

(5) 循环体中要有能使表达式的值改变为0值的语句,否则循环将永远无法结束。

(6) do – while 循环的特点是至少执行一次循环体后才计算和检查表达式的值是否为假(即0),如果不为假就继续从头执行循环体,直到表达式的值为假(值为0)时才结束循环。

实例:

下面程序段

```
k = 1;      //k置初值1
do
  cout << setw(5) << 2*k <<;   //每次以5位的位置宽度输出k的2倍的值
  k ++;     //k值增加1
```

while k < 5;   // 当 k < 5 时，继续执行循环体

输出的结果为：
＿＿＿＿2＿＿＿＿4＿＿＿＿6＿＿＿＿8   （这里用下划线代表空格）

● do – while 与 for 循环语句比较

（1）do – while 语句的循环至少被执行一次，for 语句的循环可能一次都不被执行。
（2）for 的循环中不能改变循环变量的值，而 do – while 循环中一定要有能使表达式的值变化的语句。
例：求出不大于 5 000 的 5 个数中最小的数。使用 do – while 循环和 for 循环的程序段比较。
①使用 do – while 循环。

```
min = 10000;
do
{
    n + + ;
    cin > > a;
    if ( a < min ) min = a;
}
while ( n < 5 );
```

②使用 for 循环。

```
min = 10000;
for ( int n = 1; n < = 5; n + + )
{
    cin > > a;
    if ( a < min ) min = a;
}
```

如果将上述程序段①中的"n + +"去掉，会出现什么结果？为什么找最小数时，开始前要将 10 000 赋给 min？

【例 1】写出程序的运行结果。

```
// 程序 P12_2
#include < iostream >
#include < string >    //提供有关字符串操作的库函数
```

```
using namespace std;
int main ()
{
    int da, m, b;
    string bt, bs;
    cin >> da;
    m = da;
    dbs.clear ();    //clear () 函数，意思是把 bs 这个字符串清空
    do
    {
        b = m % 2;
        m /= 2;       //等同于 m = m / 2
        bt = (char) (48 + b);   // 意思是把 b + 48 再按 ASCII 码表转化成
                                            char 类型
        bs = bt + bs;
    }
    while (m > 0);
    cout << bs << endl;
    return 0;
}
```
（运行时输入：6）

【分析】

（1）执行程序中循环语句之前的三个语句时，有关变量被存入初值。

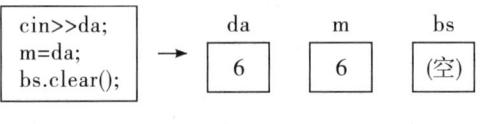

图 3-2

（2）执行 do-while 语句时，有关变量的值变化如表 3-1 所示。

表 3-1

执行的语句	b = m% 2	m = m / 2	bt = (char) (48 + b)	bs = bt + bs
变量	b	m	bt	bs
第一次循环	0	3	"0"	"0"
第二次循环	1	1	"1"	"10"
第三次循环	1	0	"1"	"110"

第三次执行循环体后,变量 m 的值变为 0,这时已不符合循环的条件,从而结束循环。

【运行结果】

```
110
```

请依照上述方法,分析输入 9 时程序的执行过程和运行结果。

【例2】用 do – while 语句编写程序,求出小冬冬一家 7 口人的平均体重。

【分析】

(1) 要求平均体重,先要求出体重的总和,再用它除以总人数就可以得出平均体重。

(2) 一家 7 口人的总体重可以重复 7 次如下动作:输入体重→累计体重。

(3) 因为要用 do – while 语句,所以我们可以设置一个变量做计数器,用于控制 7 次循环。

【参考程序】

```cpp
// 程序 P12_3
#include <iostream>
#include <iomanip>
using namespace std;
int main ()
{
    int p = 0;      // 计数器初始值设为 0
    double tz, ztz = 0;    // 总体重初始值设为 0
    do
    {
        cin >> tz;     // 输入一个体重
        ztz += tz;     // 加入总体重中
        p++;           // 次数加 1
    }
    while (p < 7);   // 当 p < 7 时,继续循环

    cout << "average weight:";
    cout << fixed << setprecision (1) << ztz/7 << endl; // 输出平均体重
```

```
            return 0;
}
```

【例3】输入一个由"+"和"-"组成的字符串,然后输出如下规律的图案。

输入样例:+ + - + - - +
输出样例:+ + - + - - +
    + - - - + -
    - + + - -
    - + - +
    - - -
    + +
    +

【分析】

(1)仔细观察输出的图案,我们可以找到这样的规律:下一行第 p 个位置的字符同上一行第 p 和第 $p+1$ 个位置的字符有关,即当上一行那两个位置字符相同时,下一行第 p 个位置为"+",否则为"-"。所以,我们可以通过如下语句由上一行生成下一行第 p 个位置的字符:

```
if (st[i] = = st[i+1]) st[i] = '+'; else st[i] = '-';
```

(2)如果上一行为 n 个字符,则下一行为 $n-1$ 个字符,因此可以通过:

```
n--;
for (int i=0; i<n; i++)
{
    if (st[i] = = st[i+1]) st[i] = '+';
    else st[i] = '-';
    cout<<st[i];
}
```

生成下一行各位置的字符并显示出来。

(3)生成每一行的处理方法都是一样的,只是 n 的值不断减少1而已。因此,可以使用循环语句控制生成各行,直到 $n=1$ 为止。

【参考程序】

```
//程序 P12_4
#include<iostream>
#include<string>
using namespace std;
int main ()
{
    string st;
    int n;
```

```
cin>>st;        //输入一个字符串
n=st.size();    //测出原始字符串的长度
cout<<st<<endl; //首先显示图案的第1行
do
{
    n--;        //新一行比上一行少一个字符,故减1
    for(int i=0;i<n;i++)    //生成下一行
        {
        if(st[i]==st[i+1]) st[i]='+';
        else st[i]='-';
        //如果相邻两字符一样,就生成"+",不一样就生成"-"
        cout<<st[i];    //显示新一行的第i个字符
        }
    cout<<endl;     //输出完一行后,换行
}
while(n>1);     //当新一行有大于1个字符时,继续循环,否则退出
return 0;
}
```

请用for语句代替do-while改写程序P12_4,实现相同的功能。

(1)指出下列程序段中的错误,并改正它。

①
 cin >>x;
 do
   y:=y+x;
 while (x>100)
	②
	 s=0;
	 do
	 {
	   cin >>w;
	   s=s*w;
	 }
	 while s>0;

③
 t=20;
 do;
   s:=s+2*t;
   t:=t-1;
 while (t>0);
	④
	 f=true;
	 do
	   {
	 cin >>a;
	   f=(a>0 && a<100);
	   if (f) then break;
	 }

(2)将下列程序按题目要求补充完整。

①求一批不为0的数之和。

```
//程序T12_2(1)
#include <iostream>
using namespace std;
int main()
{
    double da, s=0;
    do
    {
        cin >>da;
        _____
    }
    while (da>0);
    cout <<s<<endl;
    return 0;
}
```

②判断一个整数是否为质数。(除了1和本身,不能被其他任何数整除的数,称为质数;1不是质数)

```
//程序T12_2(2)
#include<iostream>
using namespace std;
int main()
{
    int p, m; bool zs;
    cin>>m;
    p=1; zs=1;
    do
     {
        _____
        if(m%p==0) zs=0;
    }
    while(p<m-1 && zs);
    if _____  zs=0;
    if _____  zs=1;
    if(zs) cout<<"YES!"<<endl;
    else cout<<"NO!"<<endl;
    return 0;
}
```

(3) 写出下列程序段的运行结果。

①
```
//程序T12_3(1)
#include<iostream>
using namespace std;
int main()
{
    int gg=2, d=2;
    do
    {
        d+=2; gg*=d;
    }
    while(gg<64);
    cout<<"d="<<d<<endl;
    return 0;
}
```

本程序的运行结果：

②
```
//程序T12_3(2)
#include<iostream>
using namespace std;
int main()
{
    int x, s=0;
    cin>>x;
    do
    {
        s=s+x%10; x/=10;
    }
    while(x>0);
    cout<<s<<endl;
    return 0;
}
```
(运行时输入：128)

本程序的运行结果：

（4）编个程序算出小冬冬一家7口人的平均身高和平均体重。

（5）用随机函数模拟全班40位同学的体重（30~40千克之间，可能有小数），然后显示这些体重和最大体重。

（6）编写程序算一算一串字符中含有多少个大写的英文字母。（提示：大写英文字母的ASCII码在65~90之间）

输入样例：PRC，PRC，I'm from China.

输出样例：8

（7）求 $100+97+\cdots+10+7+4+1$ 之和。（分别用for和do-while语句编两个程序）

（8）求出100~9 999范围内的所有水仙花数。（注：所谓水仙花数，就是指各位数字立方之和等于该数的数；a^3 称为 a 的立方，即等于 $a\times a\times a$ 的值。例如：因为 $153=1^3+5^3+3^3$，所以153是一个水仙花数）

第13课　齐齐量身高

小冬冬是一位爱好运动的好学生，加上睡眠好又不挑食，眼看着个子长得一天比一天高，爸妈打心眼里高兴，小冬冬也越来越自信了。这个星期天，小冬冬提议大家来量量身高，想算一算家里人的平均身高是多少。

小冬冬一家人的身高(单位：厘米)
爷爷：175　　爸爸：178
奶奶：160　　妈妈：162
外公：172　　小冬冬：142
外婆：158

小冬冬想先将各人的身高记录到一个表中，然后再来计算平均身高。

● 记录身高数据

把身高数据记录下来，然后按如下顺序从后到前显示出来：

1	2	3	4	5	6	7
175	160	172	158	178	162	142

用程序怎么实现呢？

```
//程序 P13_1
#include <iostream>
#include <iomanip>
using namespace std;
int tall [8];      //tall 用于记录各人身高
int main ()
{
    cout << "Please input the height of 7 people:" << endl;
                    //提示输入7人身高
    for (int k =1; k <=7; k ++)
        cin >> tall [k];    //输入7个数，分别放到 tall [1] ~tall [7] 中
    cout << "The data are as follows:" << endl;
                    //提示"表中数据如下："
    cout << "Number:";      //第一行提示"编号："
```

```
        for (int k=7; k>=1; k--)
            cout<<setw(5)<<k;        //输出从7到1的7个编号
        cout<<endl;
        cout<<"Height:";              //第二行提示"身高:"
        for (int k=7; k>=1; k--)
            cout<<setw(5)<<tall[k];  //按从后到前的顺序输出身高
        cout<<endl;
        return 0;
}
```

运行程序，按前面所给的顺序输入身高后，将会得到如下的输出结果：

```
Please input the height of 7 people:
Number:     7    6    5    4    3    2    1
Height:   142  162  178  158  172  160  175
```

此结果说明：

（1）身高数据记录到名为 tall 的表格中：175 在 1 号格中，160 在 2 号格中……

（2）当 k 值改变时，tall[k] 就代表了数组中不同的元素（相当于表格中不同的格子）。

● 算算平均身高

用表格把身高数据记录后，可以把它们累加起来，再除以总人数就可以算出平均身高。

一个完整的程序如下：

```
//程序 P13_2
#include<iostream>
#include<iomanip>
using namespace std;
double s;          //s 记身高总和
int tall[8];       //记录各人身高
int main ()
{
    cout<<"Please input the height of 7 people:"<<endl;
    //提示输入7人的身高
        for (int i=1; i<8; i++)
            cin>>tall[i];    //输入7个数，分别放到tall[1]~tall[7]中
        s=0;       //记录身高总和的变量要先清零
        for (int i=1; i<8; i++) s+=tall[i];  //累计身高数据到s中
        cout<<"the average height is:";
```

```
        cout<<fixed<<setprecision(2)<<s/7<<endl;
                //显示平均身高
        return 0;
}
```

请修改程序：一边读入数据放到表格 tall 中，一边将表格的数据累加到变量 s 中。你能做到吗？

● 数组

当要存放相同意义的一批数据时，我们要使用数组。一个数组就相当于一个表格的格子，我们称数组的一个"格子"为一个元素，每个数组元素都有一个唯一的编号，它通常被称为下标。

例如，对于数组 tall：

编号（下标）→	1	2	3	4	5	6	7
数组元素→	175	160	172	158	178	162	142

它实际上共有 8 个元素，这些元素的编号是从 0～7，这 8 个元素分别表示为：tall[0]，tall[1]，…，tall[7]。在程序 P13_1 和程序 P13_2 中，我们只用了 1～7 号元素来存放数据，0 号元素没有使用。

如果不使用数组，要用多少个变量才能存放 7 个数据？如果要存放 50 位同学的数学成绩，要用多少个数组元素呢？

● 数组说明

数组变量可以同时存放很多数据，但它也跟普通变量一样，要先说明后使用，并且说明的元素个数要足够存放数据。

数组说明的格式与普通变量基本一样，只是在变量名后面加一个常数。

格式：

类型标识符 数组名［常数］；

作用：定义数组，在内存中预留所需要的空间，用于存放一批性质相同的数据。

说明：

（1）定义了一个数组，其元素的编号（称为下标）由 0 ~（n-1）组成。

（2）定义数组的时候要注意下标的范围，一般情况下根据数据的多少确定常数的值，尽量够大，但又要避免浪费内在空间。

（3）在进行数组定义时，可以将一组数据置入数组中作为它的初值。

实例：

（1）对于 int a［18］，b［50］。

将定义两个整型数组 a 和 b，它们分别有 18 和 50 个元素，数组 a 可同时存放 18 个整型数，而数组 b 则可同时存放 50 个整型数；数组 a 的下标范围是 0 ~ 17，而 b 的下标范围是 0 ~ 49（每一个数组的元素又称为下标变量）。

（2）double s［30］。

说明一个数组变量 s，它有 30 个元素，元素的编号从 0 ~ 29，而不是 1 ~ 30；每个元素存放的数据应是该类型可存放范围内的数值数据（包括整型数、单精度浮点数和双精度浮点数）。

（3）如果要定义一个数组用于存放 82 个人的工资，那么可以这样定义：

float pay［82］；   // 定义为单精度浮点型，共有可用 0 ~ 81 号元素。

如果定义为 float pay［10000］；但只用 82 个元素，那么意味着浪费很多数组空间（格子）。

（4）int age［6］ = ｛12，14，11，13，10，8｝将定义具有 6 个元素的数组 age，存放的初始数据分别为：

12 存入 age［0］，14 存入 age［1］，11 存入 age［2］，13 存入 age［3］，10 存入 age［4］，8 存入 age［5］。

要使用一个数组存放 45 位同学的体重数据（可能有小数），该数组可以怎么定义？要用一个数组存放全家 7 口人的姓名，该数组又怎么定义？

● **数组的使用**

整型、浮点型、字符型等变量称为简单变量，同时只能存放一个数。

数组是结构类型的变量，它包含多个元素，可以同时存放多个同类型的数据。

1. 向数组存入数据

因为一个数组含有多个元素，我们通常通过循环控制对每一个元素进行输入或赋值。但对两个类型、大小完全相同的数组变量，也可以相互赋值。

（1）数组输入示例：

for（int i = 1；i < = 5；i + +）cin > > a［i］；

运行时会按先后顺序将数据输入 a［1］，a［2］，a［3］，a［4］，a［5］中。

假设输入的数据是：50 60 42 38 70，则 a［1］将得到 50，…，a［5］将得到 70。

（2）数组赋值示例：

for（int i=2；i<=8；i++）b［i］=i*3

执行该循环语句时，把循环变量i的值乘3后存放到b［i］中，数组b将得到如下数据：

下标→	2	3	4	5	6	7	8
数组元素→	6	9	12	15	18	21	24

（3）数组中未赋值的元素，值是未知的，不过int类型的数组一般默认为0。

2．输出数组数据

要把整个数组的数据输出，一般也要使用循环语句来控制。

例如：

for（int i=2；i<=8；i++）cout<<b［i］<<endl；

将分别输出b［2］，b［3］，b［4］，b［5］，b［6］，b［7］，b［8］中的值。

在输出了数组的数据后，如果想后面的输出另起一行，则要加一个只换行的输出语句"cout<<endl；"。

尝试一下，如果直接使用"cout<<b<<endl；"会输出什么结果呢？

3．数组元素的使用

每一个数组元素存放一个数据的变量，它跟普通变量一样，可以输入、输出和参与相应的运算等。如：

cin>>s［5］；　　//输入一个数，存入s［5］中

s［5］=s［5］+ac；　　//把ac中的数与s［5］中的数相加，再存入s［5］中

cout<<s［5］；　　//输出s［5］中的数据

【例1】写出程序的运行结果。

```
//程序 P13_3
#include<iostream>
#include<iomanip>
using namespace std;
int n, m, w[11];    //注意,我要用w[1]~w[10],所以下标至少是11
int main()
{
    w[1]=0;
    w[2]=1;
```

```
    for(int i=3; i<=10; i++)
        w[i]=w[i-2]+w[i-1];
    for(int i=1; i<=10; i++)
        cout<<setw(4)<<w[i];
    cout<<endl;
    return 0;
}
```

【分析】

(1) 在程序中定义了数组 w[11]：

	0	1	2	3	4	5	6	7	8	9	10
w											

(2) 执行语句 "w[1]=0; w[2]=1;" 时，数组元素的值被置为：

	0	1	2	3	4	5	6	7	8	9	10
w		0	1								

（注：数组元素如果没有赋值，可能会自动产生一个随机数）

(3) 语句 "for(int i=3; i<=10; i++) w[i]=w[i-2]+w[i-1];" 的作用是从第 3 号元素开始，把它前两个元素的值相加，存放到当前元素中。

例如：当 i=3 时，执行的赋值语句是 "w[3]=w[1]+w[2];"，它是把第 1 号和第 2 号元素中的数相加，结果存入第 3 号元素中。

循环语句执行完后，数组中的数为：

	0	1	2	3	4	5	6	7	8	9	10
w		0	1	1	2	3	5	8	13	21	34

(4) 执行语句 "for(int i=1; i<=10; i++) cout<<setw(4)<<w[i];" 时，以每个数 4 位的格式输出数组中 w[1]，w[2]，…，w[10] 共 10 个元素的值。

在上述程序中，我们没有对 w[0] 进行任何操作是可行的，也就是说我们可以根据需要来利用数组中的元素。

【运行结果】

```
   0   1   1   2   3   5   8  13  21  34
```

【例 2】找找谁的身高超过全家的平均身高。

小冬冬家里有 7 口人，每人的身高都量出来了，你能帮他找出身高超出全家平均身高的成员编号和身高吗？

表 3-2

输入样例	输出样例
175 160 172 158 178 162 142 （1号为175……7号为142）	aver = 163.9　（平均身高为163.9，保留一位小数） 1：175 3：172 5：178 （超过平均身高的成员编号和身高）

【分析】

（1）因为有7位家庭成员的身高要处理，故数组中有8个元素，然后通过循环控制将1号成员的身高存入1号元素中、2号成员的身高存入2号元素中……7号的身高存入7号元素中。

（2）输入身高后，可以再通过循环语句将各元素的值累加起来，然后再算出平均身高。

（3）要找出身高超过平均身高的家庭成员，只要将数组的每一个元素逐一与平均身高比较，当它大于平均身高时，输出元素编号和元素的值就行了。

【参考程序】

```cpp
//程序 P13_4
#include<iostream>
using namespace std;
double aver;
int t[8];
//说明数组t，用于存放身高数据，注意因为我想用t[1]~t[7]，所以下标到8
int main()
{
    aver=0;
    for(int i=1;i<=7;i++)      //从1号成员开始，输入7个人的身高
    {
        cin>>t[i];
        aver+=t[i];      //相当于aver=aver+t[i]，将7个人的身高累
                         加到aver中
    }
    aver/=7;      //相当于aver=aver/7，将身高总和除以7后存到aver中
    for(int i=1;i<=7;i++)      //逐个查找，看谁的身高超过平均身高
        if(t[i]>aver) cout<<i<<":"<<t[i]<<endl;
                      //输出编号和身高
    return 0;
}
```

如果需要找出身高不超过平均身高的成员编号,应该怎样修改程序呢?

【例3】把小冬冬一家人的身高按从高到矮的顺序排列出来。

输入样例:175 160 172 158 178 162 142

输出样例:178 175 172 162 160 158 142(从高到矮排出身高数据)

【分析】

(1)很明显,本题还是要把身高数据放到数组中才容易处理。

(2)我们可以通过比较、交换的方法来排列数据。(假设一家7口人的身高数据仍是存放在数组元素 t[1]~t[7] 中)

第1遍:把第1号数据逐个与2~7号数据比较,当后面的数大时,就把它与第1个位置的数交换位置,最终将把最大的数放到第1个位置。

```
for (int j=2; j<=7; j++)
  if (t[j] > t[1]) then    //如果j号元素大于1号元素的值
    {
      tmp=t[1]; t[1]=t[j]; t[j]=tmp;    //交换第1号与第j号位置的数据
    }
```

第1号元素与2~7号元素比较交换如图3-3所示。

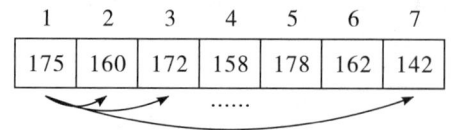

图3-3 第1号元素与其他元素比较交换

第2遍:把第2号数据逐个与3~7号数据比较,当后面的数大时,就把它与第2个位置的数交换位置,最终将把第二大的数据放到第2个位置。

```
for (int j=3; j<=7; j++)
  if (t[j] > t[2])
    {
      tmp=t[2]; t[2]=t[j]; t[j]=tmp;    //交换第2号与第j号位置的数据
    }
```

……

第i遍:把第i号数据逐个与i+1到7号数据比较,当后面的数大时,就把它与第i个位置的数交换位置,最终将把第i大的数据放到第i个位置。

```
        for (int j = i + 1; j <= 7; j++)
            if (t[j] > t[i])
            {
                tmp = t[i]; t[i] = t[j]; t[j] = tmp;    //交换第 i 号与第 j 号
                                                          位置的数据
            }
```

这样类似的比较、交换一共要进行6遍,我们可以通过循环控制i的值从1到6,从而实现6遍的比较、交换,最终数组中的数将按从大到小排列。

【参考程序】

```
//程序 P13_5
#include <iostream>
using namespace std;
int t[8];    //说明数组 t,用于存放身高数据
int main()
{
    int tmp;
    for (int i = 1; i <= 7; i++) cin >> t[i];
                        //从 1 号成员开始,输入 7 个人的身高
    for (int i = 1; i <= 6; i++)        //控制 6 遍比较、交换
        for (int j = i + 1; j <= 7; j++)    //将第 i 个位置与后面各位置
                                              比较
            if (t[j] > t[i])            //交换 i 号与第 j 号位置的数据
            {
                tmp = t[i];
                t[i] = t[j];
                t[j] = tmp;
            }
    for (int i = 1; i <= 7; i++) cout << t[i] << " ";
                        //输出排序后的数据
    cout << endl;
    return 0;
}
```

如果有 p 个数据要按从小到大的顺序排列,应该怎样修改上述程序呢?

（1）写出下列程序或程序段的运行结果。

①	②
```\n//程序 T13_1 (1)\n#include <iostream>\nusing namespace std;\nint s[6];\nint main()\n{\n for(int i=1; i<=5; i++) cin>>s[i];\n for(int i=2; i<=4; i++)\n cout<<s[i]<<endl;\n return 0;\n}\n``` （运行时输入：10 20 30 40 50）	```\n//程序 T13_1 (2)\n#include <iostream>\nusing namespace std;\nint s[6];\nint main()\n{\n for(int i=1; i<=5; i++) cin>>s[i];\n s[3]=s[1]+s[2];\n for(int i=4; i>=3; i--)\n cout<<s[i]<<endl;\n return 0;\n}\n``` （运行时输入：10 10 30 40 50）
本程序的运行结果：	本程序的运行结果：
③	④
```\n//程序 T13_1 (3)\n#include <iostream>\nint p[10], s[10];\nusing namespace std;\nint main()\n{\n for(int i=1; i<=5; i++)\n p[i]=6-i;\n for(int j=1; j<=4; j++)\n s[j]=3*j;\n for(int i=1; i<=4; i++)\n {\n cout<<s[p[i]-1];\n if(i%2==0) cout<<endl;\n }\n return 0;\n}\n```	```\n//程序 T13_1 (4)\nfor(int i=1; i<=3; i++)\n{\n for(int j=i+1; j<=4; j++)\n if(va[j]>va[i])\n {\n tmp=va[i];\n va[i]=va[j];\n va[j]=tmp;\n }\n cout<<va[i]<<endl;\n}\ncout<<va[4]<<endl;\n``` （已知已输入 12 32 82 46 到数组 va[1]~va[4] 中）
本程序的运行结果：	本程序的运行结果：

（2）小明家共有6口人，你能编个程序帮他算出全家的平均体重吗？（注意：体重数据可能带有小数）

（3）把小清一家人的身高数据存到一个数组中，然后从中找出最高的身高数据。

（4）随机产生50个130～150之间的整数，用来模拟全班同学的身高，然后从高到矮的顺序排列出来。

（5）利用数组，生成斐波那契数列的前20项：
　　　　1 1 2 3 5 8 13 …

（6）请模拟一次班委会选举：

四年级（3）班有若干位同学，现在要从编号为1，2，3，4，5的5位候选人中选出票数最多的一位候选人担任班长。请编一个程序模拟投票的过程，并公布各位候选人的得票数。

提示：

①可以设置一个数组来存放5位候选人的得票数，例如：用s[1]存放1号候选人的得票，用s[2]存放2号候选人的得票，等等。

②假设全班人数为n，则只要控制n次循环进行模拟投票、计票即可。

③可以利用表达式随机函数模拟产生某张票所选的候选人编号k。

④第k号候选人每得一票，就可以用s[k]=s[k]+1这个语句累计起来。

第14课　我和妈妈去购物

今天是星期六，妈妈让小冬冬和她一起到附近的商场购物。商场里的货物琳琅满目，大大激发了人们的购买欲。

小冬冬和妈妈推着购物车绕了几圈，将购物车装得满满的，心满意足地推到收款处准备付款。

```
购物车里的货物及标价（单位：元）
苹果：3.5    可乐：6      音乐光盘：25
雪梨：5      雪碧：6.5    ……
方便面：14   面巾纸：13
牛奶：32.8   牙刷：3.5
```

你知道收款员用什么办法来算出应付货款吗？

● 计算付款数

细心观察你会发现，收款员在收款时并不理会一共有多少件商品，而是把商品一件一件拿来扫描，把它的价格输入电脑，扫描完所有商品时按某一个键结束输入，收款机就能马上算出要付的款。

下面的程序可以模拟收款的过程：

```
//程序 P14_1
#include<iostream>
#include<iomanip>
using namespace std;
double price,tot;     //price 暂存某件商品的价格，total 存放总货款
int main()
{
    cin>>price;       //输入第 1 件商品的价格
    tot=0;
    while(price>0)    //当输入的价格大于 0 时，就执行循环体
    {
        tot+=price;   //将某件商品的价格加入总货款中
        cin>>price;   //再输入下一件商品的价格
    }
    cout<<"Total money:";
```

```
        cout<<fixed<<setprecision(2)<<tot<<endl;
                    //输出总货款（保留两位小数）
        return 0;
}
```

在实际收款时，"计价—输入"是一个多次重复进行的动作，这些重复动作什么情况下才停止呢？因为日常生活中商品的价格都是大于 0 的数，所以我们可以规定当输入的数大于 0 时，就认为它是真实的商品价格，从而把它加到总货款中，并继续输入下一个数；当输入的数不符合"大于 0"的要求时，就认为它是一个结束标志，从而结束"计价—输入"这个循环。

在不清楚商品数量的情况下，你能用 for 语句来实现重复进行"计价—输入"的处理吗？

● while 循环语句

格式：

```
while（表达式）
{
    循环体
}
```

作用：不断计算并检测表达式，当表达式的值为 true（即为 1）时，执行循环体中的语句；而当表达式的值为假（即为 0）时，退出循环。while 循环语句的执行过程如图 3-4 所示。

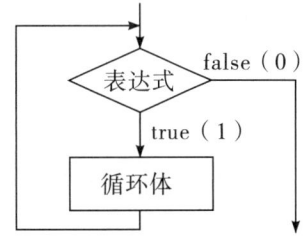

图 3-4　while 循环的执行流程

说明：

（1）当循环体有多于 1 个语句时，需要用"{ }"括起来。

（2）while 循环首先检测表达式，当其值为 true（真）时继续执行后面的语句（循环体），然后继续检测表达式，直到表达式为 false（假）时结束循环。

（3）while 循环体内必须含有能改变布尔表达式值的语句，最终使表达式为 false（假），才能结束循环。

实例：

执行以下程序段时，变量 x 和 s 的变化过程如图 3-5 所示。

```
x = 1; s = 0;
while (x < 10)
{
    s + = x; x + = 2;
}
```

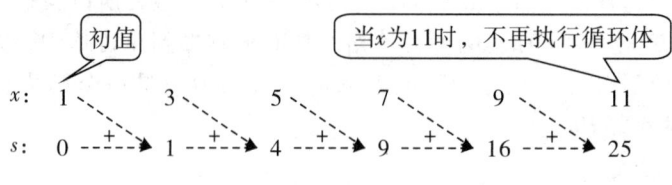

图 3-5 变量 x 和 s 的变化过程

在编写程序时,预先能确切知道循环次数的,通常使用计数型循环语句 for 来实现;预先无法知道准确循环次数的,通常采用 while 循环语句或 do-while 循环语句来实现。

因为上述示例程序段中明确的循环次数是 5 次,故也可以改用 for 循环语句实现:

```
x = 1; s = 0;
for (int i = 1; i < = 5; i + +)    //这里不能用 x 作循环变量,因为 x 在循环
                                    体中要变
    {s + = x; x + = 2;}
```

也可以这样写:

```
s = 0;
for (x = 1; x < 10; x + = 2) s + = x;
```

可以看到 for 循环语句的功能十分强大,很多 while、do-while 循环能实现的功能用 for 也可以实现。

【例 1】分析以下程序,并指出它的作用。

```
//程序 P14_2
#include <iostream>
using namespace std;
int x, w;
int main ()
{
    x = w = 1;      //在 C++ 中,可以有这种方式对不同的变量赋相同的值
    while (w < = 3000)
    {
```

```
        x + + ;        //自增1，相当于 x = x +1
        w * = x;       //相当于 w = w * x 的作用
    }
    cout < < w < < endl;
    return 0;
}
```

【分析】

(1) 在 while 循环之前，将 x 和 w 都置初值1。

(2) 当 w 小于等于 3 000 时，不断执行循环体，直到 w 大于 3 000 时才停止执行循环体，接下来执行 "cout < < w < < endl;"。

(3) 循环体的执行操作是：将 x 增加1，然后将原来的 w 中的值与 x 的值相乘，再存回到 w 中。变量 x 和 w 的值变化情况如下：

x	1	2	3	4	…	n
w	1	1×2	1×2×3	1×2×3×4	…	1×2×3×4×…×n

从表中可以找到这样一个规律：当 x 值变化到 n 时，w 的值就是前 n 个自然数相乘的积。

【作用】

求前若干个自然数相乘的积，直到积超过 3 000 为止，最后输出结果 5 040。

在此程序中，存放乘积的变量 w 的初值为什么要置为1而不是置为0呢？

【例2】求两个正整数 m 和 n 的最大公约数。

【分析】

求两个正整数的最大公约数采用辗转相除法求解。以下是辗转相除法的算法：

分别用 m，n，r 表示被除数、除数、余数。

(1) 求 m 除以 n 的余数 r。

(2) 如果 r = 0，n 就是最大公约数，转第（5）步；如果 r 不等于0，执行第（3）步。

(3) 将 n 的值放在 m 中，将 r 的值放在 n 中。

(4) 转第（1）步重新执行。

(5) 输出 n 的值。

【参考程序】

```
//程序 P14_3
#include < iostream >
using namespace std;
int a, b, r, n, m;
int main ()
```

```
    {
        cout < < "Input m, n:";
        cin > >m > >n;    //输入两个整数，放进m和n中
        a = m; b = n; r = a % b;    //将两个数放到a, b中，求a除以b的余数r
        while ( r > 0 )    //当r不等于0时，执行循环体
        {
            a = b;
            b = r;    //将b放进a, r放进b
            r = a % b;    //再求a除以b的余数
        }
        cout < < "The greatest common divide is:" < < b < < endl;
        return 0;
    }
```

试分别用for循环语句和do－while循环语句改写程序P14_3，实现相同的功能。

【例3】统计一批商品名称中含字母a，b，c，d，e的个数，最后以"＄"表示输入完毕。

表3－3

输入样例	输出样例
crab　　　（螃蟹） shrimp　　（虾） carrot　　（红萝卜） onion　　　（洋葱） dates　　　（枣子） rice-noodle　（米粉） ＄	Jieguo:　　（输出提示） a : 3　　　（商品名称含"a"的个数） b : 1 c : 3 d : 2 e : 3

【分析】

（1）主要数据存放：

说明一个字符串变量nm，用于存放每次输入的商品名称：

string nm;

设置一个数组ct来存放小写字母'a','b','c','d','e'出现的次数：

如定义数组"int ct [5];"，再分别用ct [0] 存放'a'出现的次数，ct [1] 存放'b'出现的次数，依此类推。结果如下：

ct	0	1	2	3	4
	3	1	3	2	3

（2）对每一个有效的商品名称，需要做如下的处理：

测量名称的长度 len→用 for 语句控制循环 len 次→每次查看一个字符：是否在 'a'~'e' 的范围内，如果在这个范围内，则对应的计数数组元素的值加 1。

实现的程序段如下：

```cpp
len = nm.size();        //测出商品名称的长度
for(int i = 0; i < len; i++)    //检测商品名称中的每个字符
    {
        x = nm[i] - 'a';        //求出字母对应数组的下标值
        if(0 <= x && x <= 4)    //该字符在 'a'~'e' 间吗？
            ct[x]++;            //将以检到字母为编号的元素值加 1
    }
```

（3）因为有多个商品名称需要处理，但没有明确的个数，故可以用 while 语句实现商品名称输入和处理的重复动作。

【参考程序】

```cpp
//程序 P14_4
#include <iostream>
using namespace std;
int len, ct[5], x;      //len 记录字符串长度
string nm;              //商品名称
int main()
{
    for(int i = 0; i < 5; i++) ct[i] = 0;   //统计前，把数组清为 0
    cin >> nm;          //输入第一个名称
    while(nm != "$")    //当输入的名称不是 '$' 时，对它进行计数处理
    {
        len = nm.size();        //测出商品名称的长度
        for(int i = 0; i < len; i++)    //检测商品名称中的每个字符
        {
            x = nm[i] - 'a';
            if(0 <= x && x <= 4)
                ct[x]++;        //将以检到字母为编号的元素值加 1
        }
        cin >> nm;  //输入下一个商品名称
    }
    cout << "Jieguo:" << endl;
    for(int i = 0; i < 5; i++)
        cout << 'a' + i << ":" << ct[i] << endl;
//输出结果，C++ 会把 'a' + i 这个表达式的值转为字符。比如 'a' + 1 = 'b'
```

```
        return 0;
    }
```

为什么要在while语句前加一个语句"cin>>nm;"呢?去掉循环体中的"cin>>nm;"语句行吗?

请你修改以上程序,统计商品名称中所有小写字母出现的次数。

（1）找出下列程序段中的错误，并改正它。
①统计购物车上物品的总重量。（输入 0 时结束）

```
//程序 T14_1（1）
#include <iostream>
using namespace std;
int w, sw;
int main ()
{
    sw = 0;
    while (w > 0)
    {
        cin >> w;
        sw += w;
    }
    cout << sw << endl;
    return 0;
}
```

②求 1 + 3 + 5 + 7 + … + 99 的值。

```
//程序 T14_1（2）
#include <iostream>
using namespace std;
double t, s;
int main ()
{
    s = 0;
    while (t <= 99)
    {
        s += t;
        t += 2;
    }
    cout << s << endl;
    return 0;
}
```

（2）写出下列程序的运行结果。

①
```
//程序 T14_2 (1)
#include <iostream>
#include <iomanip>
using namespace std;
int main ()
{
    int bk [5] = {1, 3, 4, 7, 11};
    int t = 4;
    while (t >= 0)
      {
        cout << setw (4) << bk [t];
        t--;
      }
    cout << endl;
    return 0;
}
```

本程序的运行结果：

②
```
//程序 T14_1 (2)
#include <iostream>
using namespace std;
int main ()
{
    int s = 0;
    int t = 1;
    while (t <= 10)
    {
        if (t% 2 == 1) s += t;
        t++;
    }
    cout << "s = " << s << endl;
    return 0;
}
```

本程序的运行结果：

③
```
//程序 T14_2 (3)
#include <iostream>
using namespace std;
int ph, ps [5];
int main ()
{
    for (int i = 1; i <= 4; i++) ps [i] = 0;
    cin >> ph;
    while (ph > 0 && ph < 5)
    {
        ps [ph] ++;
        cin >> ph;
    }
    for (int i = 1; i <= 4; i++)
    cout << ps [i] << " ";
    cout << endl;
    return 0;
}
```
（运行时输入：3 4 1 2 1 1 3 3 5）

本程序的运行结果：

④
```
//程序 T14_2 (4)
#include <iostream>
using namespace std;
int n;
char ch;
int main ()
{
    n = 0;
    cin >> ch;
    while (ch! = '#')
    {
        if (ch == 'a' || ch == 'A') n++;
        cin >> ch;
    }
    cout << n << endl;
    return 0;
}
```
（运行时输入：About again try#wina）

本程序的运行结果：

（3）商场周末大优惠，规定凡购物超过 100 元的，超过 100 元那部分便可打 9 折。

你能帮他编一个程序来结算货款吗？

（4）让计算机出一道3位数的加法数学题，并进行答题活动。

要求：

①首先让计算机出题。

②每回答一次计算机就评卷，正确时显示"YES！"并结束，错误时提示"Try again！"。

交互答题示例	
123 + 205 =	（输入 325）
Try again！	
123 + 205 =	（输入 326）
Try again！	
123 + 205 =	（输入 328）
YES！	

（5）计算 1 + 2 + 4 + 7 + 11 + …直到总和超过 5 000 时为止。

（6）求一个大于 0 且小于 2 147 483 646 的整数的各位数字之和。

输入样例：325648

输出样例：3 + 2 + 5 + 6 + 4 + 8 = 28

提示：

①表达式 p%10 可求出个位数字，p/10（整除）可取得除个位数字外的部分。

②先将每次取得的数字用一个数组保存起来，最后再输出。

（7）小球从100米高处自由落下，着地后又弹回高度的一半再落下。经过多少次落地后，小球弹起的高度才会低于0.5米？

第 15 课 做个小管家

小冬冬今年 10 岁了,他不但学习成绩好,还主动帮妈妈管理每天的家庭收支账目呢,现在俨然成了家里的小管家了!

3月份家庭收支表

日期	1	2	3	4	5	…	31
收入	500	150	0	300	0	…	800
支出	120	50	68.5	30	70.2	…	82.6

妈妈现在要他帮忙算出 3 月份的总收入、总支出和收支结余。小冬冬是怎么算的呢?

● 计算月收支情况

月收支账记录在一个表格中,这个表一共有三行:日期、收入和支出。只要把收入行的数据全部加起来,就可算出月总收入了;同样地,把支出行的数据全部加起来,就是该月的总支出;把总收入减去总支出,就是该月的收支结余了。

小冬冬是用下面的程序来计算的:

```
//程序 P15_1
#include <iostream>
#include <iomanip>
using namespace std;
double szb[2][32];    //定义一个二维数组
double s1, s2, s3;    //s1 存总收入,s2 存总支出,s3 存收支结余
int main()
{
    for(int i=1; i<=31; i++)
        cin>>szb[0][i]>>szb[1][i];    //将每天收入和支出的数据存
                                      //  入数组中
    s1=s2=0;
    for(int i=1; i<=31; i++)
    {
        s1+=szb[0][i];    //计算全月总收入
        s2+=szb[1][i];    //计算全月总支出
    }
```

```
    s3 = s1 - s2;     //计算全月收支结余
    cout<<fixed<<setprecision(1)<<"s1 = "<<s1<<" s2 = "<<s2<<" s3 = "<<s3<<endl;
    return 0;
}
```

如果要计算1—3日的总收入、总支出和收支结余，只需要将上述程序中的所有for循环语句的终值改为3就行了。请你试一试。

上述程序中，double szb[2][32]是定义一个二维数组，这个数组相当于一个2行×32列的表格，行的编号从0到1，列的编号从0到31，一共有2×32 = 64个格子，可以存放64个数，如图3-6所示。

共32列，列号：	0	1	2	3	4	5	...	31
共2行，行号：0		500	150	0	300	0	...	800
1		120	50	68.5	30	70.2	...	82.6

图3-6

● 二维数组

全家人的身高是具有相同意义的一组数，我们只要用一维数组就能存放它们。
说明方法：
int tall[7];   // 设置7个元素来存放7个人的身高数据
相当于制作了如下的表格：

0	1	2	3	4	5	6

可是，日常生活中我们还会遇到二维表格，如表3-4所示。

表3-4 家庭成员身体状况表

姓名	年龄/岁	身高/厘米	体重/千克
李文聪	68	175	66
梁学玉	62	160	50.5
张天君	65	172	65.5
王太珍	63	158	46
李百万	35	173	70
谢美丽	32	162	45
李天心	10	142	30

这样一个二维表格，一共有4列（姓名、年龄、身高和体重），每一列都表示不同的意义，我们可以用4个一维数组来存放这些数据。

string name [7];

double age [7], tall [7], weight [7];

一维数组 name 存放姓名，共有7个元素，它允许存放的数是字符串；一维数组 age，tall 和 weight 分别存放年龄、身高和体重，也分别有7个元素，它允许存放的数是数值。

事实上，C++语言中允许我们把类型相同的列合并在一起进行说明，也就是对上面3个数组的说明：

double age [7], tall [7], weight [7];

可以换为对一个数组的说明：

double body [7] [3];

像这种有两个下标范围的数组，就是二维数组。

● 二维数组的定义

二维数组同样要先定义后使用。

格式：

类型名称 数组名 [最大行数] [最大列数];

示例：

（1） double body [7] [3]。

定义一个二维数组 body：它们有7行、3列，共有21个元素，行编号从0到6，列编号从0到2，每个元素可存放实型或与它相容的实数。

（2）要存放如下一张课程表。

	星期一	星期二	星期三	星期四	星期五
第1节	数学	语文	数学	数学	数学
第2节	语文	英语	体育	科学	信息
第3节	思品	综合实践	美术	音乐	体育
第4节	数学	科学	英语	语文	自习
第5节	音乐	数学	信息	思品	英语
第6节	自习	英语	数学	语文	美术

我们可以使用一个6行5列、类型为字符串的二维数组：

string course［6］［5］；

注意：

（1）同一个数组的所有元素只能存放相同类型的数据，因此如果一个表格中有两种不兼容类型（如字符串、整型等）的数据，只能分开两种不同类型的数组来存放。

（2）在定义二维数组时，一般要根据表格的实际内容有多少行、多少列来确定行编号范围和列编号范围，栏目名称（比如上面的星期和节次）不用存入数组中，因此不占行列数。

（3）二维数组的元素个数等于行数乘以列数。

（4）同一维数组一样，无论是行还是列，编号都是从0开始。

● 二维数组的使用

1. 数组元素的引用

每一个数组元素都可以像一般的简单变量一样使用，书写的格式如下：

数组名［行下标］［列下标］

例如，要引用数组w第2行第3列的元素，可表示为w［1］［2］；引用第1行第1列，可表示为w［0］［0］。

请参考下面示例，然后在任意几个空格处填上引用该元素时的书写方法。

	0	1	2	3	4	5
0						w［0］［5］
1			w［1］［2］			
2					w［2］［4］	
3	w［3］［0］					

2. 存入数据

要向二维数组存入数据，通常需要使用二重循环，才能实现对每一个元素的输入或赋值。

例如，向数组输入6行×5列表格中的内容，程序段如下：

```
for (int i = 0; i < 6; i + +)
    for (int j = 0; j < 5; j + +)
        cin > > course [i] [j];
```

程序执行的过程是：

当i=0时，接收5个数分别放入kcb [0] [0], kcb [0] [1] …… kcb [0] [4] 中。

当i=1时，接收5个数分别放入kcb [1] [0], kcb [1] [1] …… kcb [1] [4] 中。

……

当i=5时，接收5个数分别放入kcb [5] [0], kcb [5] [1] …… kcb [5] [4] 中。

以上程序段与

```
for (int i = 0; i < 6; i + +)
    cin > > kcb [i] [0] > > kcb [i] [1] > > kcb [i] [2]
        > > kcb [i] [3] > > kcb [i] [4];
```

的作用完全一样。

3. 输出数据

要将二维数组中的所有数据输出，通常也是要使用二重循环实现。

请写一段按先行后列顺序输出4行、3列数组sm中值的程序。

【例1】写出程序的运行结果。

```
//程序 P15_2
#include <iostream>
#include <iomanip>
using namespace std;
int p, py [3] [4];
int main ()
{
```

```
p = 0;
for (int i =1; i <=2; i++)
    for (int j =1; j <=3; j++)
    {
        p = p + i * j;
        py [i] [j] = p;
    }
for (int i =1; i <=3; i++)
{
    for (int j =1; j <=2; j++)
        cout << setw (5) << py [j] [i];
    cout << endl;
}
```

【分析】
(1)

```
p = 0;
for (int i =1; i <=2; i++)
    for (int j =1; j <=3; j++)
    {
        p = p + i * j;
        py [i] [j] = p;
    }
```

执行此程序段时,各变量的值变化过程如表 3-5 所示。

表 3-5 i, j, p 和 py [i] [j] 的变化情况

i	j	p	py [i] [j]
1	1	0 + 1 * 1 = 1	1 (py [1] [1])
	2	1 + 1 * 2 = 3	3 (py [1] [2])
	3	3 + 1 * 3 = 6	6 (py [1] [3])
2	1	6 + 2 * 1 = 8	8 (py [2] [1])
	2	8 + 2 * 2 = 12	12 (py [2] [2])
	3	12 + 2 * 3 = 18	18 (py [2] [3])

(2) 执行以下程序段:

```
for (int i=1; i<=3; i++)
    {
        for (int j=1; j<=2; j++)
            cout<<setw (5) <<py [j] [i];
        cout<<endl;
    }
```

当 i=1 时，在同一行输出 py [1] [1]，py [2] [1] 后换行。
当 i=2 时，在同一行输出 py [1] [2]，py [2] [2] 后换行。
当 i=3 时，在同一行输出 py [1] [3]，py [2] [3] 后换行。

【运行结果】

```
1    8
3    12
6    18
```

【例2】将表3-4中家庭成员的年龄、身高和体重存入二维数组中，然后求全家人的平均年龄、平均身高和平均体重。

【分析】

（1）因为共有7个人，每人都有3项数据，所以可以用一个7行、3列的二维数组来存放所要求的数组。

数组可说明为：double body [7] [3];

（2）要输入7个人的年龄、身高和体重3项数据，可以用二重循环来实现：

for (int i=0; i<7; i++)

 for (int j=0; j<3; j++) cin>>body [i] [j];

输入数据时，按顺序输入每个人的年龄、身高和体重数据即可。

（3）我们可以使用一个含3个元素的一维数组 s 来记录全家人的年龄、身高和体重总和，求出总和后再除以人数就可得平均数了。

因为数组 body 中第1列的第1~7行数就是各人年龄，所以可以用循环：

for (int i=0; i<7; i++) s [0] =s [0] +body [i] [0];   // 求出年龄总和

同样方法，用：

for (int i=0; i<7; i++) s [1] =s [1] +body [i] [1];   // 求出身高总和

再用：

for (int i=0; i<7; i++) s [2] =s [2] +body [i] [2];   // 求出体重总和

根据数组 s 及 body 第二下标的变化规律，可以把上述三个循环合并为一个二重循环：

for (int j=0; j<3; j++)

 for (int i=0; i<7; i++)

  s [j] +=body [i] [j];   // 分别计年龄、身高和体重的总和

【参考程序】

```
//程序 P15_3
#include <iostream>
#include <iomanip>
using namespace std;
double body[7][3],s[3];    //s存放一家7口人的年龄、身高和体重
int main()
{
    for(int i=0;i<7;i++)
      for(int j=0;j<3;j++) cin>>body[i][j];
                   //按年龄、身高和体重的顺序输入每人的数据
      for(int i=0;i<3;i++) s[i]=0;      //将记总和的数组清零
    for(int j=0;j<3;j++)
      for(int i=0;i<7;i++)
        s[j]+=body[i][j];     //分别计年龄、身高和体重的总和
    for(int i=0;i<3;i++)
      cout<<fixed<<setprecision(2)<<s[i]/7<<" ";
                   //输出年龄、身高和体重的平均数
    cout<<endl;
    return 0;
}
```

数组 body 和 s 定义为整型数组行吗?为什么要对数组 s 进行初始化清零?

【例3】小南妈妈到商场购买了如表3-6所示的一批物品。

表3-6

物品	白菜	香蕉	饺子	铅笔	笔记本
数量	2.5	3	3	12	5
单价	1.5	2.4	6.2	0.3	4
金额					

请编程序算出各种物品的金额,并将数据按3行5列的方式输出。
【分析】
(1)实际要处理的原始数据是2行×5列,但还有一行要存放计算出来的金额,所以我们可以定义一个3行×5列的二维数组 kw 来存放数据。
(2)使用二重循环按从行到列的方式首先输入各种物品的数量,再输入各种物品的

单价。

```
for (int i=0; i<2; i++)
    for (int j=0; j<5; j++) cin>>kw[i][j];
```

（3）每种物品的金额=数量×单价。只要用单循环就可以计算出各种物品的金额。

```
for (int j=0; j<5; j++) kw[2][j] = kw[0][j]*kw[1][j];
```

（4）要按 3 行 5 列的方式输出数据，仍然可使用二重循环实现，这里要注意的是：未将同一行数据全部输出前不能换行，而一行全部输出后要换行。

```
for (int i=0; i<3; i++)
{
    for (int j=0; j<5; j++)
        cout<<fixed<<setprecision(1)<<kw[i][j]<<" ";
    cout<<endl;
}
```

【参考程序】

```
//程序 P15_4
#include<iostream>
#include<iomanip>
using namespace std;
double kw[3][5];    //存放 3 行 5 列数据
int main()
{
    for (int i=0; i<2; i++)
    for (int j=0; j<5; j++) cin>>kw[i][j];
                //输入一行数量，再输入一行单价
    for (int j=0; j<5; j++) kw[2][j] = kw[0][j]*kw[1][j];
//计算各种物品的金额
    for (int i=0; i<3; i++)
     {
        for (int j=0; j<5; j++)
            cout<<fixed<<setprecision(1)<<kw[i][j]<<" ";
//输出第 i 行中 5 种物品的数据
        cout<<endl;    //输出完一行数据后换行
     }
    return 0;
}
```

运行程序时，输入方式是：

2.5 3 3 12 5	（数量）
1.5 2.4 6.2 0.3 4	（单价）

　　如果要计算应付金额，要怎么修改程序呢？在输入时，如果要求输入完一种物品的数量和单价后，再输入下一种物品的数量和单价，程序应如何修改？

(1) 写出下列程序段的运行结果。

①	②

`for (int k=1; k<=3; k++)`
`    for (int t=1; t<=2; t++)`
`        s[k][t]=k*t;`
`for (int k=1; k<=3; k++)`
`    cout<<s[k][2]<<endl;`
	`for (int k=1; k<=4; k++)`
	`    for (int j=1; j<=3; j++)`
	`        cin>>pd[k][j];`
	`tt=0;`
	`for (int k=1; k<=4; k++)`
	`    for (int j=1; j<=3; j++)`
	`        tt+=pd[k][j];`
	`cout<<tt<<endl;`
	(运行时输入：1 2 3 4 5 6 7 8 9 10 11 12)

本程序的运行结果：	本程序的运行结果：
③	④

`for (int k=1; k<=3; k++)`
`    for (int t=1; t<=2; t++)`
`        cin>>s[k][t];`
`for (int k=1; k<=3; k++)`
`{`
`    s[k][3]=0;`
`    for (int t=1; t<=2; t++)`
`        s[k][3]+=s[k][t];`
`    cout<<s[k][3]<<endl;`
`}`
(运行时输入：1 2 3 4 5 6)
	`for (int i=1; i<=2; i++)`
	`    for (int j=1; j<=3; j++)`
	`        cin>>w[i][j];`
	`mm=0;`
	`for (int i=1; i<=2; i++)`
	`    for (int j=1; j<=3; j++)`
	`        if (mm<w[i][j]) mm=w[i][j];`
	`cout<<mm<<endl;`
	(运行时输入：21 12 13 34 55 16)

本程序的运行结果：	本程序的运行结果：

(2) 用随机函数分别产生 n 个一维数组 A1 和 n 个一维数组 A2 中的数（两位整数），然后合并到二维数组 A 中，再将 A 中的数按矩阵形式显示出来。

例如：当输入 n 为 4 时，如果产生的数为 12, 25, 39, 21 和 45, 28, 94, 18，则输出为：

12	25	39	21
45	28	94	18

合并提示：

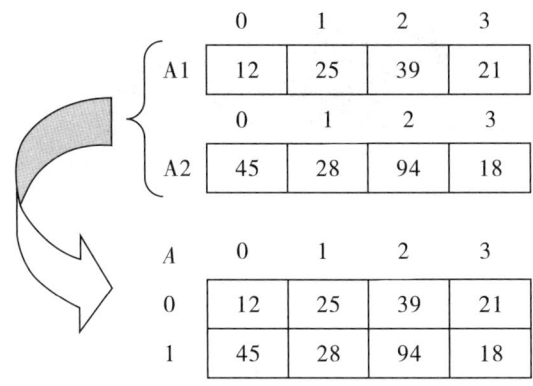

（3）输入全班同学的 4 科成绩，算出各人的总分。（要求全班同学人数由键盘输入，各科成绩和总分都存放到同一个二维数组中）

（4）输出两个矩阵中的数，根据下述示例的运算规则计算两个矩阵的和。

$$\begin{pmatrix} 1 & 2 & 3 \\ 4 & 5 & 6 \end{pmatrix} + \begin{pmatrix} 2 & 7 & 9 \\ 3 & 2 & 5 \end{pmatrix} = \begin{pmatrix} 3 & 9 & 12 \\ 7 & 7 & 11 \end{pmatrix}$$

（5）找出以下样例图案的数字规律，然后输出按此规律排列的任意指定行数的图案。

表 3 – 7

输入样例	输出样例
	1
	1 1
	1 2 1
	1 3 3 1
	1 4 6 4 1

（6）求一个 $n \times n$ 数阵中的马鞍数，如果找到就输出它的位置，否则输出"Not Found!"。所谓马鞍数，是指在行上最小而列上最大的数。

表 3 – 8

输入样例	输出样例
5 6 7 8 9 4 5 6 7 8 3 4 5 2 1 2 3 4 9 0 1 2 5 4 8	1 1　（表示马鞍数在第 1 行第 1 列）

一、基础知识

（一）数组结构

（1）一维数组相当于只有一行的表格。（如：string phone [10];）

	0	1	2	3	4	5	6	7	8	9
phone										

（2）二维数组相当于一个有多行和多列的表格。（如：double score [2] [9];）

	0	1	2	3	4	5	6	7	8
score 0									
1									

（二）数组说明

格式：

类型名　数组名[元素个数]（注：二维数组时，要指定两个元素个数）

（1）一维数组：只需要指定一个下标范围。

如"int number [10];"就是一个有 10 个元素（下标 0~9），存放 int 类型的数组。

（2）二维数组：要指定两个下标范围，即包括行号范围和列号范围。

如"double tmk [3] [9];"数组 tmk 行号从 0 到 2，列号从 0 到 8，存放实数。

	0	1	2	3	4	5	6	7	8
tmk 0									
1									
2									

（三）数组的使用

（1）数组元素的使用：一维数组使用一个下标，二维数组使用两个下标。下标不能超出说明数组时所规定的范围。

（2）一个数组元素存放一个数，它与普通变量一样，看作一个数参与各种处理或对其赋值。

(3) 把一批数按指定的顺序存入数组，通常使用循环语句实现。

如：

把1~10放进数组a里面：for (int i =1; i < =10; i + +) a [i] =i;

又如：

要输入一个3×3的二维表格的数据，语句为：

for (int i =1; i < =3; i + +)
　for (int j =1; j < =3; j + +)
　　cin > >a [i] [j];

二、循环结构

（一）三种循环语句

C++中的三种循环语句的格式及使用特点见表3-9。

表3-9　三种循环语句格式和使用特点

循环语句	for 循环	while 循环	do – while 循环

使用特点	for（循环变量初始化；循环执行条件；每次循环结束后变量的变化）
	{
	　<循环体>
	}
		while　（循环执行条件）
		{
		　<循环体>
		}
			do
			{
			　<循环体>；
			}
			while <继续执行条件>；

	如果循环体不止一个语句，就用"{ }"括起来		
	适用多种情况，最适用已知重复次数的情况	适用重复执行、特别是未知次数的情况	
	循环体中不能更改循环变量的值	循环体要能改变条件值，才能结束循环	

（二）三种循环语句的执行流程对比

三种循环语句的执行流程对比详见表3-10。

表 3-10 三种循环语句的执行流程对比

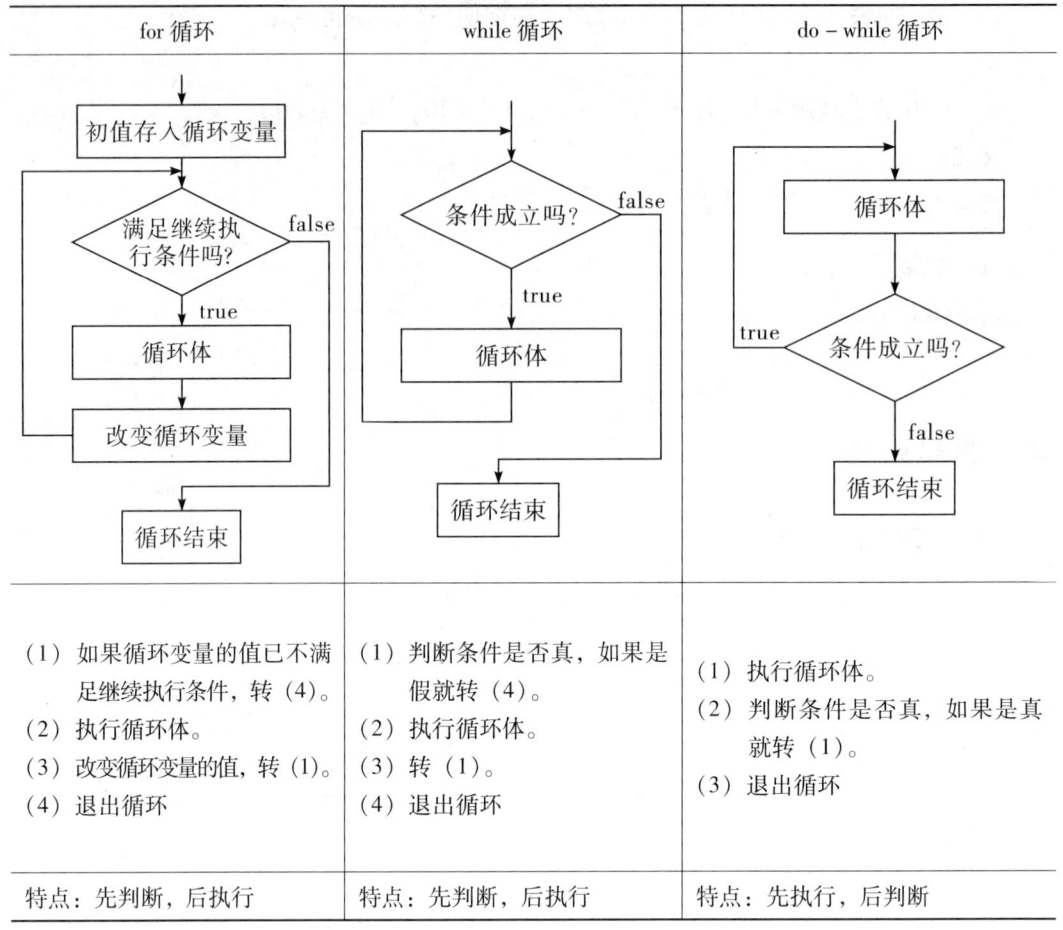

for 循环	while 循环	do-while 循环
（1）如果循环变量的值已不满足继续执行条件，转（4）。 （2）执行循环体。 （3）改变循环变量的值，转（1）。 （4）退出循环	（1）判断条件是否真，如果是假就转（4）。 （2）执行循环体。 （3）转（1）。 （4）退出循环	（1）执行循环体。 （2）判断条件是否真，如果是真就转（1）。 （3）退出循环
特点：先判断，后执行	特点：先判断，后执行	特点：先执行，后判断

（三）三种循环语句的程序实现对比

求 100 以内偶数的和。三种循环语句的程序实现对比示例如表 3-11 所示。

表 3-11 三种循环语句的程序实现对比

for 循环	while 循环	do-while 循环

`s=0;`
`for (int k=1; k<=50; k++)`
`    s=s+k*2;`
`cout<<s<<endl;`
	`s=0;`
	`k=1;`
	`while (k<=50)`
	`{`
	`    s=s+2*k; k++;`
	`}`
	`cout<<s<<endl;`
		`s=0;`
		`k=1;`
		`do`
		`{`
		`    s=s+2*k; k++;`
		`}`
		`while (k<=50);`
		`cout<<s<<endl;`

随机产生一批总和不大于 30 000 的两位以内的数,输出它们的和。用三种循环语句的程序实现,对比示例如表 3 – 12 所示。

表 3 – 12　三种循环语句的程序实现对比

计数循环(for)	当型循环(while)	直到型循环(do-while)

k = 0;
srand (time (NULL));
for (s = 0; s + k < = 30000; s + = k)
{
　k = rand ()% 100;
}
cout < < s < < endl;
	s = k = 0;
	srand (time (NULL));
	while (s < =30000)
	{
	　k = rand ()% 100;
	　s = s + k;
	}
	cout < < s – k < < endl;
		s = k = 0;
		srand (time (NULL));
		do
		{
		　k = rand ()% 100;
		　s = s + k;
		}
		while (s < =30000);
		cout < < s – k < < endl;

三、排序与查找

(一) 排序

1. 数据的排列方式

数据的排列方式 $\begin{cases} 升序:从小到大排列,如:1\ 3\ 5\ 7\ 9 \\ 降序:从大到小排列,如:9\ 7\ 5\ 3\ 1 \end{cases}$

2. 排序的一般方法

排序的方法如下:

把要排序的数连续存放到一个数组中,一般从 1 号元素开始存放。

把第 1 个位置的数与后面各位置的数逐个比较,如果不符合大小顺序(如要按升序排时,前面的数要比后面的数小),就交换两个位置的数。

把第 2 个位置的数与后面各位置的数逐个比较,如果不符合顺序,就交换两个位置的数。

……

最后一次是把第 $n-1$ 个位置的数与第 n 个位置的数比较,如果不符合大小顺序,就交换两个位置的数。

选择排序的通用程序段为:(n 个数,要求从小到大排列)

for (int i = 1; i < n; i + +)
　for (int j = i + 1; j < = n; j + +)
　　if (a [i] > a [j]) then
　　　{w = a [i]; a [i] = a [j]; a [j] = w;}

程序中所有变量都可以根据实际编程而改变。

（二）查找

查找分为顺序查找和二分查找两种。顺序查找的一般过程是：检查数组的每个元素，符合要求就做相应处理（包括输出等）。

例如：

程序段
```
for (int i =1; i <=100; i++)
    if (w[i] >100) cout <<w[i] <<endl;
```

能找出 10 个数中大于 100 的数并输出。

(1) 写出下列程序或程序段的运行结果。

①
```
//程序 dy3_1 (1)
#include<iostream>
#include<iomanip>
using namespace std;
int n, a[5][5];
int main()
{
    cin>>n;
    for(int i=1; i<=n; i++)
        for(int j=1; j<=n; j++) cin>>a[i][j];
    for(int i=1; i<=n; i++)
    {
        for(int j=1; j<=n; j++)
            cout<<setw(5)<<a[j][i];
        cout<<endl;
    }
    return 0;
}
(运行时输入：3 2 1 3 3 3 1 1 2 1)
```

本程序的运行结果：

②
```
//程序 dy3_1 (2)
#include<iostream>
using namespace std;
int n, m, a, b, r;
int main()
{
    cin>>m>>n;
    a=m; b=n; r=a%b;
    while(r>0)
    {
        a=b;
        b=r;
        r=a%b;
    }
    cout<<b<<endl;
    return 0;
}
(运行时输入：12 8)
```

本程序的运行结果：

③
```
//程序 dy3_1 (3)
#include<iostream>
using namespace std;
int a[5]; int main()
{
    for(int i=1; i<=3; i++) a[i]=i;
    int i=1, j=3;
    do
    {
        a[i]=a[j]+1;
```

④
```
//程序 dy3_1 (4)
#include<iostream>
using namespace std;
int m, s, w[12];
int main()
{
    for(int i=1; i<=10; i++) cin>>w[i];
    m=w[1]; s=w[1];
    for(int i=2; i<=10; i++)
```

续上

i++; j--;
 }
 while (i<=3);
 for (int i=1; i<=3; i++)
  cout<<a[i]<<" ";
 return 0;
}
	{
	    if (s<0) s=0; s+=w[i];
	    if (s>m) m=s;
	   }
	  cout<<"max="<<m<<endl;
	  return 0;
	}
	(运行时输入：-2 13 -1 4 7 8 -1 -18 24 6)

本程序的运行结果：	本程序的运行结果：

(2) 分析下列问题及对应的程序，将程序补充完整。

①输入10个学生的姓名，并按拼音的顺序排列。

```
// 程序 dy3_2 (1)
#include<iostream>
#include<string>
using namespace std;
int main ()
{
  string tmp, _____;
  for (int i=1; i<=10; i++) cin>>nam[i];
  for (int i=1; i<10; i++)
    for (int j=i+1; _____; j++)
      if (nam[i]>nam[j])
        {
          tmp=nam[i];
          nam[i]=_____;
          nam[j]=tmp;
        }
  for (int i=1; i<=10; i++)
    cout<<nam[i]<<" ";
  cout<<endl;
}
```

②求恰好使 s=1+1/2+1/3+…+1/n 的值大于10时n的值。

```
// 程序 dy3_2 (2)
#include<iostream>
using namespace std;
```

```
int n;
double s;
int main()
{
    s = n = 0;
    while (s <= 10)
    {
        _____
        s += 1.0/n;
    }
    cout << "n = " << n << endl;
    return 0;
}
```

③从键盘输入一个整数 x（x 不超过 10 000），若 x 的各位数字之和为 7 的倍数，则输出"yes"，否则输出"no"。

```
//程序 dy3_2 (3)
#include <iostream>
using namespace std;
int a, x, s = 0;
int main()
{
    cin >> x;
    _____
    do
    {
        a = x % 10;
        _____
        s += a;
    }
    while (x > 0);
    if (s % 7 == 0) cout << "yes" << endl;
    else
        cout << "no" << endl;
    return 0;
}
```

④设计程序输出图形，请填空完成。如：

输入：7 4 8 9 1 5

输出：7 4 8 9 1 5

```
            5 7 4 8 9 1
            1 5 7 4 8 9
            9 1 5 7 4 8
            8 9 1 5 7 4
            4 8 9 1 5 7
```

```
//程序dy3_2 (4)
#include <iostream>
using namespace std;
int main ()
{
    int a [7], b [7] [7], i, j;
    for (int i =1; i <=6; i++) cin >>a [i];
    for (int i =1; i <=6; i++)
      b [1] [i] =a [i];
    for (int i =2; i <=6; i++)
    {
        _____;
        for (int j =2; j <=6; j++)
        _____;
    }
    for (int i =1; i <=6; i++)
     {
        for (int j =1; j <=6; j++)
        cout <<b [i] [j] <<" ";
        cout <<endl;
     }
}
```

(3) 身高调查，表3-13是四年级2班部分同学的身高统计表，要求编写一个程序，统计平均身高，并将大于平均身高的同学的学号打印出来。

表3-13

学号	1	2	3	4	5	6	7	8	9	10
身高	1.4	1.35	1.36	1.41	1.5	1.29	1.46	1.37	1.36	1.45

(4) 输出杨辉三角的前N行（N<10）。

```
         1
       1   1
     1   2   1
   1   3   3   1
```

　　　　1　4　6　4　1

（5）N个数已按从小到大排好序，现要插入一个新数，使得新数列仍为从小到大排序数列。

（6）如果一个自然数等于它的全部约数（不包括这个数本身）之和，则这个自然数称为完全数。例如6本身以外的约数为1，2，3，而6＝1＋2＋3，所以6是一个完全数。求出自然数中前3个完全数。

第四单元　快乐体艺节

第16课　记录比赛成绩

体艺节的校运会开始了，比赛场上可热闹啦，到处都是运动员比赛的身影，赶快把运动员的比赛成绩记录下来吧，需要记录的内容有班级、姓名、性别、项目、成绩等。你能编程序来帮帮计分员吗？

```
比赛成绩小档案
姓名：杨憬        性别：女
班级：六年级(2)班
项目：跳高        短跑100米       跳远
成绩：1.5米       14秒            2.0米
分数：8           9               7.8
```

● 记录运动员的成绩

通过以下程序可以把运动员的姓名、性别、班级、参赛项目和成绩记录下来。

```cpp
//程序 P16_1
#include<iostream>
#include<iomanip>
using namespace std;
struct ydy    //定义ydy为结构体
{
    string nam, cla, pro;
    char se;
    double grade;
    //用nam存放姓名，cla存放班级，pro存放参赛项目，grade存放成绩，se存放性别
};
```

```
ydy a [6]; //定义存放 ydy 类型元素的数组 a，有 0~6 号共 7 个元素
int main ()
{
    for (int i =1; i < =5; i + +)      //循环读入 5 个运动员的数据
        cin > >a [i]. nam > >a [i]. se > >a [i]. cla > >a [i]. pro > >a [i]. grade;
    cout < <setw (8)  < < "name:" < <setw (8)  < < "se:" < <setw (8) < < "bb:";
    cout < <setw (8)  < < "xm:" < <setw (8)  < < "cj:" < <endl;
    //显示输出数据的栏目名称
    for (int i =1; i < =5; i + +)      //循环输出 5 条记录
    {
        cout < <setw (8)  < <a [i]. nam < <setw (8)  < <a [i]. se < <setw (8)  < <a [i]. cla;
        cout < <setw (8)  < <a [i]. pro < <setw (8)  < <a [i]. grade < <endl;
    }
    return 0;
}
```

如果要同时记录两个项目的比赛成绩，应怎样修改程序？

● 结构体 struct

当程序中需要对大批量的数据进行组织和处理时，利用数组是一种十分方便而又灵活的方法，但是数组要求其中的所有元素都必须具有相同的类型。而在实际生活中，描述某一事物需要多种类型的数据。例如，一个学生的有关数据可能包含下列项目：

    学号   整型
    姓名   字符串类型
    年龄   整型
    性别   字符型
    成绩   浮点型

C++ 给我们提供了结构体，使得我们用同一个变量记录不同的数据类型。在一个结构体中可以包含一些不同类型的数据。

1. 结构体的定义

格式：

```
struct  结构体名称
{
    数据类型1    <成员名称列表1>;
    数据类型2    <成员名称列表2>;
    数据类型3    <成员名称列表3>;
    ……
}
```

作用：定义可以包含多种标准数据类型（如前面学过的 int、char、double 等）的结构体，实际上是可以让我们自己定义的一种复合数据类型。

说明：

(1)"结构体名称"相当于一种我们命名的数据类型名，这个类型名称可以用来定义相应的变量。

(2)"成员名称列表"中的名字起到标识的作用，在同一个结构体中，各名称不能相同。

实例：

定义一个包括学号、姓名和家庭电话的结构体：

```
struct txl
{
    int xh, jtdh;    //成员 xh 为整型，代表学号；jtdh 为整型，代表家庭
                     电话
    string xm;       //成员 xm 为字符串类型，代表姓名
}
```

2. 结构体变量

(1) 结构体变量的定义。上面定义的结构体本质上是一种类型，还必须进行相应的变量定义，才能用变量存放数据。

例如：

struct txl mytel, tel [10];   // 定义可存1组数的结构体变量 mytel 和10组数的结构体数组变量 tel

mytel.xh = 301;   // 将学号301存入变量 mytel 的成员 xh 中

mytel.xm = "chen feng";   // 将姓名 chen feng 存入变量 mytel 的成员 xm 中

mytel.jtdh = 86335274;   // 将电话86335274存入变量 mytel 的成员 jtdh 中

for (int k = 1; k < 11; k + +) cin > > tel [k]. xh > > tel [k]. xm > > tel [k]. jtdh;
// 存入10组数

(2) 结构体变量的使用。结构体变量中的数据与简单变量的使用方法是一样的，只不过在书写时，要将结构体变量名称和成员名称同时写出，中间用"."相隔。如上面

的"mytel.xh"代表学号的一个数据。

试参照上面的结构体定义、对应变量定义和使用方法编一个程序,在输入班里5位同学的学号、姓名和家庭电话后,输出一个班级通信录表。

【例1】假定校运会有10个项目分别在10个不同的日期比赛,为了让同学们做好参赛准备,现在告诉你比赛的前一天是什么日期,你能编程输出10个比赛的准确日期吗?

输入样例(格式是月、日、年):9 30 1993

输出样例:10/1/1993

【分析】

(1) 可用一个结构体变量today存放日期,包括年、月、日。

(2) 知道一个日期后要计算出第二天的日期,应判断输入的日期是否为当月的最后一天,如果不是则日期加上1即可(注意闰年的不同情况)。

(3) 如果是当月最后一天,则修正日为1,并判断月是不是12月,如果不是则月份加1。

(4) 如果是12月,则月修正为1,年加1。

【参考程序】

```
//程序 P16_2
#include <iostream>
using namespace std;
struct date    //定义一个结构体,其中域为年、月、日
{
    int year, month, day;
} today [10];    //定义数组变量today,数组元素为结构类型date
int maxdays;
int main ()
{
    for (int i =0; i <10; i ++)    //输入10个日期
        cin >>today [i]. month >>today [i]. day >>today [i]. year;
//读入月、日、年
    for (int i =0; i <10; i ++)
    {
        int y =today [i]. year, m =today [i]. month;    //暂存年和月
        if (m = =2)    //不同的月对应其不同的天数
        {
```

```
                maxdays = 28;
                if ( y% 400 = = 0 | |   (y% 4 = = 0 && y% 100 > 0 ) )
maxdays = 29;        //判断当年是否是闰年
                }
                else
                    if (m = =4 | |m = =6 | |m = =9 | |m = =11) maxdays = 30;
                else
                    maxdays = 31;
                //求第 i 个日期中月份最后一天 maxdays
                if (today [i]. day = = maxdays)    //如果输入的刚好是这个月的
                                                    最后一天
                {
                    today [i]. day = 1;    //将天修正为第一天
                    if (m = =12)    //如果输入的是一年的最后一月
                    {
                        today [i]. month = 1;
                        today [i]. year + +;    //修正为第二年的第一天
                    }
                    else today [i]. month + +;    //如果不是 12 月，则对应的月
                                                    份数加 1
                }
                else
                    today [i]. day + +;    //不是一年或一月的最后一天只需要天数
                                            加 1 即可
                cout < <today [i]. month < < "/" < <today [i]. day < < "/" < <
today [i]. year < <endl;
            }
            return 0;
        }
```

【例 2】本届校运会如果每个班级的同学都可以参加 m 项运动，请设计一个班级的基本情况表，并求出这个班级的平均得分，如果某项运动无人参加，则此项运动以 0 分记入。

【分析】

（1）定义结构体 Studa（表示班级的基本情况记录，有 6 个成员：nu 序号，na 年级，se 班别，s 成绩，aver 平均分）。

（2）读入记录数据。

（3）计算班级的平均成绩。

（4）输出记录内容。

【参考程序】

```cpp
//程序 P16_3
#include<iostream>
#include<iomanip>
using namespace std;
const int n=2, m=3;     //为了简单,班数 n=2 项目 m=3
struct Studa            //定义结构体 Studa
{
    string nu, na;
    char se;
    double s[m], aver;   //各个名称含义参照上文
} sarr[n], a;            //定义 sarr 为数组,各元素为 Studa 类型
int main()
{
    for(int i=0; i<n; i++)
    {
        cout<<"nu: "; cin>>a.nu;    //输入序号
        cout<<"na: "; cin>>a.na;    //输入年级
        cout<<"se: "; cin>>a.se;    //输入班别
        cout<<endl;
        double t=0;
        for(int j=0; j<m; j++)      //输入 m 项的得分
        {
            cout<<"s["<<j<<"] =";
            cin>>a.s[j];
            t+=a.s[j];              //累加总分
        }
        a.aver=t/m;                 //计算平均分
        sarr[i]=a;                  //将当前记录存入 sarr[i] 中
    }
    for(int i=0; i<n; i++)          //输出记录
    {
        cout<<setw(5)<<sarr[i].nu;
        cout<<setw(9)<<sarr[i].na;
        cout<<setw(3)<<sarr[i].se<<" ";
        for(int j=0; j<m; j++)
            cout<<fixed<<setprecision(1)<<setw(6)<<sarr[i].s[j];
```

```
        cout<<setw(6)<<sarr[i].aver<<endl;
    }
    return 0;
}
```

上面的程序定义了一个结构体 Studa，用来表示学生情况，而定义的数组 sarr 的每个元素为 Studa 记录，每个记录相当于一个班的情况卡片，整个数组相当于全校的情况卡片。

展示实力

(1) 选择题。

①下列数据类型中哪个不是标准数据类型（　　）。

A．整型　　　　B．结构体　　　　C．实型　　　　D．布尔型

②有两个结构体 c1 和 c2 做如下说明。

struct c1 { 　　double re, im; } a;	struct c2 { 　　double im, re; } b;

如果 a 和 b 的 re 和 im 都分别为 1 和 2，则语句（a = = b）的结果是（　　）。

A．false　　　B．true　　　C．不能比较　　　D．不确定

③一个结构体的成员名标识符不能和下列内容相同的是（　　）。

A．不同层的成员名标识符　　　　　B．该结构体的名称

C．同层的其他成员名标识符　　　　D．常量标识符

(2) 根据问题的求解要求，完善下面的程序。

下面程序输入运动员的比赛编号和成绩，请输出成绩高于给定值（60）的学生记录。

```
//程序 T16_2
#include<iostream>
using namespace std;
const int rs=5,average=60;   //设定人数和分数定值
struct students
{
    int no; double aver;
};
students stud[rs];
int main()
{
    for(int i=0; i<rs; i++)
        ＿＿＿＿＿＿＿＿＿＿
    for(int i=0; i<rs; i++)
        if ＿＿＿＿＿＿＿＿
            cout<<stud[i].no<<" "<<stud[i].aver<<endl;
    return 0;
}
```

(3) 学校文具店有很多种文具，且每种文具有其货物代码，比较常见如 001 钢笔

9.50元，002笔记本3.50元，003写字本2.00元，004直尺1.60元。请你编一个程序，使售货员只要从键盘输入前面这些货物的代码及数量，计算机便能显示货物的名称、单价、数量及总价。

（4）建立档案：用程序为学校建立N个学生档案卡，每张卡包含：编号、姓名、性别、年龄、三科成绩的等级（分A，B，C三档）信息，编程输出当N=2时的档案卡。

（5）计算年龄：强强知道了自己的出生日期（月/日/年）和今天的日期，他希望用计算机计算到今天为止自己出生有多少天了应该如何编写程序实现？

（6）生日卡片：小明为班中每位同学制作了一套如下所示的生日卡片。

　　学号：0601
　　姓名：YangYi
　　生日：20040623　　（此数表示生日为2004年6月23日）

现在小明想将卡片按生日的先后次序排列出来，你能编个程序帮帮他吗？

第17课 算出团体总分

体艺节的校运会比赛快要结束了,每个班都有很多同学参加了多个项目的比赛,为了确定哪个班是总冠军,需要把各班的总分算出来。你知道怎样在程序中又快又准地算出各班的团体总分吗?

各班积分表			
班别	跳高	100米	跳远
501班	15	20	23
502班	26	26	16
…	…	…	…

● 计算团体总分

要统计总分,需要读入每一项的得分,因为每个班的计算方法都是一样的,所以可以把它交给另一个相对独立的程序段来完成。执行以下程序,能求出5个班的团体总分。

```
//程序 P17_1
#include<iostream>
using namespace std;
int a, b, c, sum;
int getsum (int x, int y, int z)    //自定义一个函数getsum来求三项运
                                      动的总分
{
    return x+y+z;    //函数体,返回x+y+z的值
}
int main ()    //主函数
{
    for (int i=1; i<=5; i++)    //控制5个班各项成绩的输入及求总分
    {
        cin>>a>>b>>c;    //读入每个项目的得分
        sum=getsum (a, b, c);    //调用自定义函数,求出三项之和
        cout<<sum<<endl;
```

```
        }
        return 0;
}
```

● 函数

为了减少程序的重复代码并增强程序的可读性，在 C++ 编程中我们可以将完成特定功能的代码以函数的方式加以调用。那什么是函数呢？

我们发现，在前面所有完整的程序中都会有一个 main ( )，它就是一个函数，而且这个函数是每个程序必须有且只能有一个的，又称为主函数。一个程序的执行，都是从主函数中的第一个语句开始的。

除此之外，C++ 编程中还有其他函数。

在程序 P17_1 中有这样一个程序段：

```
int getsum ( int x, int y, int z )   //自定义一个函数 getsum 来求三项运
                                      动的总分
{
    return x + y + z;   //函数体，返回 x + y + z 的值
}
```

这就是一个函数。如果我们在它的外部，加上一个赋值语句"sum = getsum（1, 2, 5）"，那么就会把 1, 2 和 5 分别代入该函数定义的 x, y 和 z 中，并计算 x + y + z 即 1 + 2 + 5 的值，返回结果 8 赋给变量 sum，所以这个函数的功能，就是实现了 3 个数的加法，无论你输入什么数，它都能求出它们的和。

如执行"sum = getsum（3, 6, 14）"后，sum 的值为 23。

C++ 中的函数可分为标准函数和自定义函数。

一、标准函数

标准函数是 C++ 系统本身提供的函数，在程序中可以直接引用。

不同标准函数的功能、调用格式和返回类型均各不相同。

比如我们前面经常用到的一个求字符串长度的函数 size ( )。调用格式就是 s. size ( )（s 是 string 类型的），它会返回一个整数，即这个字符串的长度。

又如，对一个取绝对值的函数 abs，调用格式是 abs（x）（x 是一个变量或常数），它会返回一个非负整数，即 x 的绝对值。

想一想，还有哪些 C++ 标准函数。

二、自定义函数

C++ 允许我们在程序中自己定义所需要的函数并调用这些函数。

自定义函数要先声明后使用，声明函数的格式为：

返回类型　函数名（参数列表）
{
　　<函数体>
}

从函数的声明格式中，我们可以看到函数的几个组成部分。下面以程序 P17_1 为例说明：

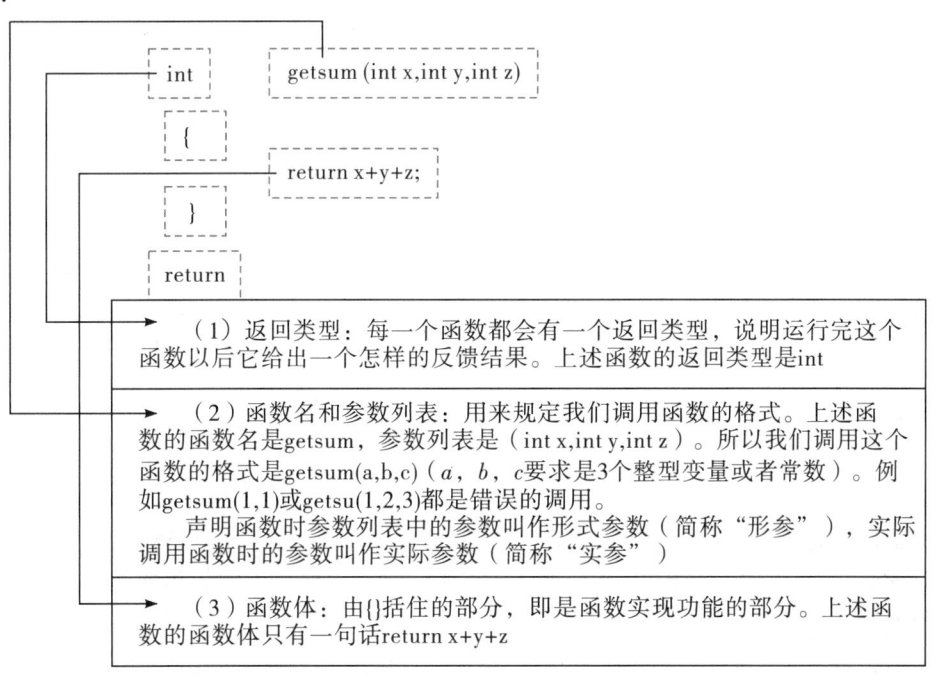

(1) 返回类型：每一个函数都会有一个返回类型，说明运行完这个函数以后它给出一个怎样的反馈结果。上述函数的返回类型是 int

(2) 函数名和参数列表：用来规定我们调用函数的格式。上述函数的函数名是 getsum，参数列表是（int x,int y,int z）。所以我们调用这个函数的格式是 getsum(a,b,c)（a，b，c 要求是 3 个整型变量或者常数）。例如 getsum(1,1) 或 getsu(1,2,3) 都是错误的调用。
　　声明函数时参数列表中的参数叫作形式参数（简称"形参"），实际调用函数时的参数叫作实际参数（简称"实参"）

(3) 函数体：由 {} 括住的部分，即是函数实现功能的部分。上述函数的函数体只有一句话 return x+y+z

有以下两点需要特别说明：

（1）有些函数不需要返回一个结果，这时候我们把它的返回类型设置为 void。除非函数的返回类型为 void，否则一定要返回一个值。

（2）函数的参数列表可以为空。

比如：

void getsum（）
{

}

也是一个正确格式的函数声明。

● **函数的数据传递**

如果声明的函数带有形式参数，那么在调用该函数时就要带实际参数，参数中数据的传递有按值传递和按引用传递两种方式。

例如以下两个程序：

```
//程序 P17_2
#include<iostream>
using namespace std;
int a, b;
void swap (int x, int y)
{
    int tmp;
    tmp = x; x = y; y = tmp;
}
int main ()
{
    a = 1; b = 2;
    cout<<a<<" "<<b<<endl;
    swap (a, b);
    cout<<a<<" "<<b<<endl;
    return 0;
}
```

```
//程序 P17_3
#include<iostream>
using namespace std;
int a, b;
void swap (int& x, int& y)
{
    int tmp;
    tmp = x; x = y; y = tmp;
}
int main ()
{
    a = 1; b = 2;
    cout<<a<<" "<<b<<endl;
    swap (a, b);
    cout<<a<<" "<<b<<endl;
    return 0;
}
```

以上两个程序唯一的区别就在参数列表的地方，程序 P17_3 的函数声明参数列表中的变量前多了个"&"。像程序 P17_2 这种声明的方式，就叫作按值传递，而程序 P17_3 这种声明方式叫作按引用传递。

按值传递，无论形参在函数内如何变化，实参的值都不会改变；而如果按引用传递，那么形参在函数内的变化结果会传递回来给对应的实参。

程序 P17_2 的运行结果为：　　　程序 P17_3 的运行结果为：

1 2
1 2

1 2
2 1

(补充说明：int& x 和 int &x 的效果一样的)

● 全局变量和局部变量

凡是只在函数内部作用的变量，应该在本函数内加以说明，这种在函数内部说明的变量称为局部变量。形式参数也只是在该函数中有效，因此也属于局部变量。

全局变量是在所有函数以外说明的变量，为了统一，我们一般把全局变量的说明放在程序最开头的 using namespace std 下面。

全局变量的作用域分以下两种情况：

一般情况下，任何地方都可以使用全局变量，但当函数内部有同名的变量说明时，函数只使用内部的变量，不影响全局变量。

注意，main 函数也是一个函数，在它内部定义的变量也是局部变量，千万不要把它当成了全局变量。

如下面程序 P17_4：

```
//程序 P17_4
#include<iostream>
using namespace std;
int m;
void cube (int x)
{
    int tmp;
    tmp = x * x * x;
    cout << x << "^3 = " << tmp << endl;
}
int main ()
{
    cout << "请输入 m:";
    cin >> m;
    cube (m);
    return 0;
}
```

变量 m 是在所有函数声明之外定义的，是全局变量，它在任何函数中都可以使用；而变量 x 及 tmp 都是在函数 cube 中定义的，是局部变量，它们只能在函数 cube 中使用。

● 模块化程序设计

在程序设计中，我们常常把大问题细分为几个小问题，每一个小问题用一个程序模块来实现，而不是全部堆积在 main 函数里面。这样设计能够使冗长的程序变得简洁，也方便我们查找错误。这样的程序设计原则，就叫作程序的模块化设计。

探索奥秘

【例1】 如果已计算出校运会中5个班的团体总分,那么如何用程序找出第一名的总分呢?(要求不得使用循环语句)

【分析】

如5个班的团体分对应为 $n1, n2, n3, n4, n5$,引入一个中间变量 m,按如下步骤处理:

(1)令 $m = n1$。

(2)m 与 $n2$ 比较,将两者中较大的数放入 m。

(3)m 与 $n3$ 比较,将两者中较大的数放入 m。

(4)m 与 $n4$ 比较,将两者中较大的数放入 m。

(5)m 与 $n5$ 比较,将两者中较大的数放入 m。

(6)经过以上5步处理后,m 即为5个数中最大者。

从上面规划的步骤看来,步骤(2)到步骤(5)需处理的目标是相同的,因此我们可以设计一段函数 getmax(a, b),以找出 $x1$ 和 $x2$ 中最大的值并返回。

【参考程序】

```cpp
// 程序 P17_5
#include <iostream>
using namespace std;
int m, n1, n2, n3, n4, n5;
int getmax (int a, int b)     //定义函数getmax求两个数中的最大数,a,b
                              //为形式参数
{
    if (a > b) return a;
    else return b;            //返回a和b之间大的那个数
}
int main ()
{
    cout << "Input 5 numbers :";    //读入5个数
    cin >> n1 >> n2 >> n3 >> n4 >> n5;
    m = n1;
    m = getmax (m, n2);    //调用自定义函数进行两个数的比较,其中m和n2
                           //为实际参数
    m = getmax (m, n3);
    m = getmax (m, n4);
    m = getmax (m, n5);
    cout << "max number:" << m << endl;
```

```
    return 0;
}
```

在上述问题中,我们需要多次解决"求两个数之间的最大值"的问题。如果不用函数,我们也可以写成

```
{
    m = n1;
    if (m < n2) m = n2;
    if (m < n3) m = n3;
    if (m < n4) m = n4;
    if (m < n5) m = n5;
}
```

乍一看似乎两段程序差不多,但其实不是的。使用函数的目的就是把功能一样、需要多次使用的程序段抽取出来,使得我们的程序设计更加简洁高效。

试根据上面的分析,写出求 5 个数中的最小数的程序代码。

【例2】假设 a 小于 b,试求正整数 a 和 b 之间的完全数。

【分析】

完全数是指小于该数本身的因子之和等于它本身的数,如 6 = 1 + 2 + 3,6 即是一个完全数。我们可定义一个布尔型函数 perfect(x),若 x 是完全数,其值为 true,否则为 false。

【参考程序】

```cpp
//程序 P17_6
#include <iostream>
using namespace std;
int a, b;
bool perfect (int x)    //定义一个判断 x 是否为完全数的函数
{
    int sum = 0;        //累加前清零
    for (int i = 1; i < x; i++)
        if (x % i == 0) sum += i;    //累加 x 的所有小于 x 的因数
    return (sum == x);  //看最后 sum 和 x 是否相等
}
int main ()
{
    cout << "Input a, b:";
```

```
    cin>>a>>b;
    for(int i=a;i<=b;i++)      //从a到b逐个判断,是完全数则打印
                                 出来
        if(perfect(i)) cout<<i<<endl;
    return 0;
}
```

【例3】写出下列程序的运行结果:

```
//程序P17_7
#include<iostream>
using namespace std;
int a,x,y,z;
void pro(int x,int y,int& z)
{
    z=x+y-z;
    cout<<x<<" "<<y<<" "<<z<<endl;
}
int f(int a)
{
    z+=a;
    return a+2;
}
int main()
{
    x=3;y=5;z=4;
    pro(8,x*z,y);
    cout<<x<<" "<<y<<" "<<z<<endl;
    a=f(z); a=a*f(2);
    cout<<a<<" "<<z<<endl;
    return 0;
}
```

【分析】

(1) 在调用pro(8,x*z,y)时,相当于pro(8,12,5),其中,pro过程中的最后一个参数是按引用传递的,因此全局变量y要变成局部变量z的值。即是x+y-z,这里的x,y,z都是pro函数的局部变量,分别对应8,12,5,故计算出z=15,所以第一行输出:8 12 15。

(2) 当返回main函数执行"cout<<x<<" "<<y<<" "<<z<<endl;"时,x,y,z都是全局变量,因在刚才的调用中x,z是按值传递的,只有y是按引用传递的,所以只有y的值变成了15,所以第二行输出:3 15 4。

(3) a=f(z),在 f 函数中,局部变量 a=z=4,而全局变量 z 在 f 中变为:z=z+a= 4+4=8,而函数返回值 a+2=6

同理求 f(2),此时的局部变量 a=2,全局变量 z=z+a=8+2=10,而函数返回值 a+2=4;所以 f(z)=6,f(2)=4,a=24,所以第三行输出:24 10。

【参考答案】
　　　　　　　8　12　15
　　　　　　　3　15　4
　　　　　　　24　10

如果把 a=f(z);a=a*f(2) 两句话写成一句话 a=f(2)*f(z),结果一样吗?尝试一下。

【例 4】如果一个自然数除了 1 和本身,还有别的数能够整除它,这样的自然数就是合数。例如 15,除了 1 和 15,还有 3 和 5 能够整除,所以 15 是合数。14,15,16 是三个连续的合数,试求连续 10 个最小的合数。

【分析】
从 14,15,16 三个连续合数中可看出,它们正好是两个相邻素数 13 和 17 之间的连续自然数,所以求连续合数问题可以转化为求有一定跨度的相邻两个素数的问题。因此,求连续 10 个最小的合数可用如下方法:

(1) 从最小的素数开始,先确定第一个素数 a。
(2) 再确定与 a 相邻的后面那个素数 b(作为第二个素数)。
(3) 检查 a,b 的跨度是否在 10 以上,如果跨度小于 10,就把 b 作为新的第一个素数 a,重复步骤(2)。
(4) 如果 a,b 跨度大于或等于 10,就打印 a,b 之间的连续 10 个自然数,即输出 $a+1$,$a+2$,$a+3$,…,$a+10$。

【参考程序】

```
//程序 P17_8
#include <iostream>
using namespace std;
int a, b;
bool check (int x)    //定义 check 函数判断 x 是否为素数
{
    for (int i=2; i<x; i++)
        if (x% i = =0) return false;    //如果有某个数在大于 1 小于 x 之间且能
                                        被 x 整除,则 x 是合数,返回 false
    return true;    //否则 x 为质数,返回 true
}
```

```
void work ()
{
    bool p;
    b = 3;
    do
    {
        a = b;         //a 为第一个素数
        do
        {
            b += 2;    //b 是 a 后面待求的素数, +2 的原因是素数一定是奇数
            p = check (b);    //调用 check 来确认 b 是否为素数
        }
        while (! p);   //如果 b 不是素数就一直加
    }
    while (b - a - 1 < 10);    //当素数间的跨度小于 10 时, 继续循环
}
void print ()
{
    for (int i = a + 1; i <= a + 10; i ++)    //输出结果
        cout << i << endl;
}
int main ()
{
    work ();
    print ();
    bool p;
    return 0;
}
```

【分析】

可以看到上面的程序，有 4 个函数: main 函数, check 函数, work 函数和 print 函数。整个程序就被划分成 4 个模块，每个模块实现相应的功能。main 函数是程序的主体，其中只有 4 条程序语句，十分简洁。

【例5】运动会在公布结果之前有很多工作要做，比如成绩输入、计总分、排名次、打印等，我们可以把各种工作分给不同的人完成。在程序中同样可以在"总管"的指挥下，让不同的程序来处理。试输入 10 个班的 5 项成绩，按排名输出各班及其对应的总分。

```
//程序 P17_9
#include <iostream>
```

```cpp
using namespace std;
int a[12][6];          //数组用来存放10个班的5项运动成绩
struct P               //定义一个结构体来记录班级的信息
{
    int no,sum;        //no代表班级编号,sum代表班级总分
}cla[12];
void init()            //输入各班各项目得分
{
    for(int i=1;i<=10;i++)
        for(int j=1;j<=5;j++)
            cin>>a[i][j];
}
void getsum()          //求各班的总分
{
    for(int i=1;i<=10;i++)
    {
        cla[i].no=i;
        cla[i].sum=0;          //初始化数组,将总分清零,各班班号从1到10

        for(int j=1;j<=5;j++)  //分别计算各班的总分
            cla[i].sum+=a[i][j];
    }
}
void sort()            //按总分排名次
{
    P tmp;             //交换用的临时变量
    for(int i=1;i<10;i++)        //使用选择排序
        for(int j=i+1;j<=10;j++)
            if(cla[i].sum<cla[j].sum)
            {
                tmp=cla[i]; cla[i]=cla[j]; cla[j]=tmp;
            }
}
void print()
{
    for(int i=1;i<=10;i++)       //按名次、班级、总分的格式输出
        cout<<i<<" "<<cla[i].no<<" "<<cla[i].sum<<endl;
}
int main()
```

```
{
    init ();        //输入各班级得分
    getsum ();      //计算班级总分
    sort ();        //将总分排序
    print ();       //输出最终结果
    return 0;
}
```

【分析】

上述程序结构清晰，流畅简洁，这就是模块化设计的优点。

(1) 写出下列程序的运行结果。

①
```
// 程序 T17_1 (1)
#include <iostream>
using namespace std;
int x, y, s1, s2, s3;
int f (int a, int b)
{
    return a * a + b * b;
}
int main ()
{
    cin >> x >> y;
    s1 = f (x, y); s2 = f (x, 1);
    s3 = f (s1, s2);
    cout << s3 << endl;
    return 0;
}
(运行时输入：2 3)
```

本程序的运行结果：

②
```
// 程序 T17_1 (2)
#include <iostream>
using namespace std;
int a, b;
int p (int x)
{
    b = b - x;
    return x * x;
}
int main ()
{
    b = 0;
    a = p (10); a = a * p (b);
    cout << a << " " << b << endl;
    a = a * p (b);
    cout << a << " " << b << endl;
    return 0;
}
```

本程序的运行结果：

③
```
// 程序 T17_1 (3)
#include <iostream>
using namespace std;
int a, b;
void s ()
```

④
```
// 程序 T17_1 (4)
#include <iostream>
using namespace std;
int n, m, p, x;
void hehe (int& m, int x)
```

续上

```
    {
        b = 2;
        for (int i = 1; i < = 6; i + +)
        b * = a;
        cout < < b < < endl;
    }
    int main ()
    {
        a = 2;
        s ();

        return 0;
    }
```

```
    {
        int n = 1;
        m + +;
        n = n * 3;
        p = n;
    }
    int main ()
    {
        m = 8; n = 5; p = 3; x = 1;
        hehe (n, x);
        cout < < m < < " " < < n < < " " < < p < < " " < < x < < endl;
        return 0;
    }
```

本程序的运行结果:

本程序的运行结果:

⑤
```
//程序 T17_1 (5)
#include <iostream>
using namespace std;
int x, y;
void subone ()
{
    int x;
    x = 2;
    cout < < "#" < < x < < "#" < < endl;
    cout < < "#" < < y < < "#" < < endl;
}
int main ()
{
    x = 1; y = 2;
    cout < < "*" < < x < < "*" < < y < < endl;
    subone ();
    cout < < "***" < < x < < "***" < < y < < endl;
    return 0;
}
```

⑥
```
//程序 T17_1 (6)
#include <iostream>
using namespace std;
int x;
void print (int x)
{
    int j;
    for (int i = 1; i < = x; i + +)
    {
        for (int j = 1; j < = i; j + +)
        cout < < "*";
        cout < < endl;
    }
}
int main ()
{
    for (int i = 1; i < = 3; i + +)
    {
        cin > > x;
        print (x);
    }
    return 0;
}
(运行时输入: 3 4 5)
```

本程序的运行结果:

本程序的运行结果:

(2) 请指出下面的程序段错在哪里。

①
```
//程序 T17_2 (1)
void m (int i)
{
    int a, b;
    cin >>a >>b;
    a+=b;
    a/=i;
    return a;
}
```

②
```
//程序 T17_2 (2)
#include <iostream>
using namespace std;
int x;
int sqr (int x)
{
    int s = x*x;
}
int main ()
{
    cin >>x;
    cout <<sqr (x) <<endl;
}
```

(3) 已知下面的函数用于计算 y 值,其中 y 的值取决于 x,当 $x>0$ 时, $y=1$;当 $x=0$ 时, $y=0$;当 $x<0$ 时, $y=2$,请将下面的程序补充完整。

```
//程序 T17_3
#include <iostream>
using namespace std;
int x, y;
int f (_____)
{
    if _____ return 1;
    if _____ return 0;
    if _____ return 2;
}
int main ()
{
    cin >>x;
    y = f (x);
    return 0;
}
```

(4) 在数学上我们把从 1 开始的连续自然数相乘叫作阶乘。例如把"1×2×3×4×5"称作 5 的阶乘,记为"5!",你能写一个自定义函数来求"n!"吗?调用这个函数求出 3!+5!+14!的值。

(5) 读入一批实数,求这批实数的整数部分和小数部分的和各是多少?(使用自定义函数将输入的数分成整数部分和小数部分)

(6) 如果一个自然数是素数,且它的数字位置经过对换后仍为素数,则称为绝对素数，例如13，试编程求出所有两位数中的绝对素数。

（7）自然数 a 的因子是指能整除 a 的所有自然数，但不含 a 本身。例如12 的因子为：1，2，3，4，6。若自然数 a 除自身之外的因子之和为 b，而且 b 除自身之外的因子之和又等于 a，则称 a，b 为一对亲和数。求两位数中的最小的一对亲和数，如果没有则输出"Not Found！"。

（8）现有容积分别为17 升、13 升的两个空油桶，需要从大油罐中倒出15 升油来，又没有其他的工具，你能用这两个空桶精确地倒出吗？编程显示出具体的倒油过程。

（9）有这样一些数，从左边读和从右边读都是同一个数，我们称之为回文数。例如6 886 就是一个回文数，试用程序求出所有既是回文数又是素数的三位数。

（10）任何大于2 的自然数都可以写成不超过4 个平方数之和的形式。如：
$$8 = 2^2 + 2^2;\ 14 = 1^2 + 2^2 + 3^2$$
由键盘输入自然数 N（$2 < N < 2\ 000$），编程输出其不超过4 个平方数之和的表示式。

第 18 课　神奇的字母计数器

学校体艺节中开展了很多有趣的活动，其中一项是比比谁有更好的方法能快速地从一篇英文文章中统计出 26 个英文字母的数量。

小英是班里英语最好的学生，人称"英语大师"。她正烦恼着，如果用人工的方法来统计，工作量实在太大了，肯定很慢且容易算错，怎么样才能以最快的速度完成统计呢？

信息学小组的小信为她出了个好主意：设计一个字母计数器来解决这个问题。

小信所设计的字母计数器是这样一个程序：

```
//程序 P18_1
#include<iostream>
#include<cstdio>    //标准输入输出的头文件
using namespace std; int sm[26] = {0};
int main()
{
    freopen("yw.in","r",stdin); //打开一个文本文件"yw.in"作为输
                                //入数据来源
    char ch;
    while(cin>>ch)     //从文件读入一个字符，若没有字符可读就结束循环
    {
        if('a'<=ch && ch<='z')     //把小写字母变换为大写字母
            ch=(char)(ch-'a'+'A');
        if('A'<=ch && ch<='Z')     //统计字母个数
            ++sm[(int)(ch-'A')];
    }
    for(int i=0; i<26; ++i)
        cout<<(char)('A'+i)<<":"<<sm[i]<<endl;
    fclose(stdin);     //关闭之前打开的标准输入文件
    return 0;
}
```

在程序 P18_1 所在的文件夹中，用记事本建立名为"yw.in"的文件，把老师给你的一篇英语文章复制进去后保存，关闭记事本，再运行程序 P18_1，看看结果如何。

小信设计的这个字母计数器只要把英语文章复制到文件 yw.in 中，再运行一下程序，马上就能统计出所要的数据来。

程序 P18_1 和我们以前所编的程序有什么不同呢？

以前所编的程序都是要在运行时才从键盘输入数据，当输入的数据量很大时，很容易输错而前功尽弃。

程序 P18_1 是从文件中读取数据来进行处理，这样就可以提前在输入文件中编辑好要处理的数据再运行程序，从而减少出错和提高工作效率。

仔细观察程序 P18_1，该程序与用键盘输入数据的相应程序有什么不同？

在编程解题时，除了从键盘输入数据和将结果在屏幕上输出外，还可以把要处理的数据预先放进文件中，让程序从文件中读取数据进行处理，也可以把结果输出到指定的文件中。

● 文本文件

能用 Windows 系统中的记事本程序打开并能清楚看到文件内容的文件，就是文本文件。例如，用记事本打开 light1.in 时，能清楚看到文件中的 4 行数据，说明 light1.in 是一个文本文件，如图 4-1 所示。

所有的文本文件都可以用记事本程序建立和打开。方法如下：

（1）从 Windows 系统的附件中打开记事本。
（2）按格式要求输入文件内容。
（3）按指定的位置和文件名保存文件。

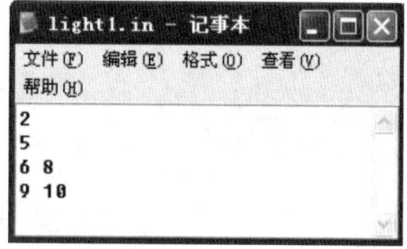

图 4-1　用记事本打开文本文件

在 D 盘上建立一个名为"myprg"的文件夹，再用记事本在这个文件夹中建立一个文件名为"light2.in"的文本文件，然后按格式输入如图 4-1 所示的内容并保存。

● 文本文件的操作

从文本文件取出数据称为读文件，将数据存进文本文件称为写文件。读文件相当于向程序输入数据，写文件相当于将程序运行的结果输出到文件中。

一、数据文件的读与写

1. 在程序中读文件的步骤

为实际文件指定一个文件变量→以读方式打开已存在的文件→从文件中读数→关闭文件。

2. 在程序中写文件的步骤

为实际文件指定一个文件变量→建立新文件→向文件中写入数据→关闭文件。

二、文件的读写步骤

1. 通过重定向进行文件的输入输出

在程序开始时加入如下语句，重定向标准输入输出后，就可以像屏幕输入输出一样，使用 cin，cout，scanf，printf 等语句从指定的文件中读取数据和将数据写入文件。

freopen（"input.txt"，"r"，stdin）；

freopen（"output.txt"，"w"，stdout）；

第一个语句表示要输入的数据从文件"input.txt"中读取，第二个语句表示要输出的数据写入文件"output.txt"中。

在程序运行结束前，一般要将已打开的文件关闭，以免数据丢失。相对于上述打开文件的方式，关闭文件的语句分别为：

fclose（stdin）；

fclose（stdout）；

2. 通过 C++ 流进行文件的输入输出

（1）需要使用的头库文件：fstream。

（2）说明文件变量。C++ 中所有变量都要先定义后使用，文件变量也一样。

例如：ifstream fin;   // 定义一个输入流文件变量 fin

　　　ofstream fout;   // 定义一个输出流文件变量 fout

（3）为文件指定变量。

过程：fin.open（"input.txt"）；

　　　fout.open（"output.txt"）；

作用：为实际文件指定一个文件变量，以代表该文件。

例如：fin.open（"input.txt"）的作用是，为实际文件"input.txt"指定一个文件变量名 fin，以后对文件 input.txt 的操作均可通过文件变量 fin 进行。

定义文件变量和指定具体文件可以同时进行。

例如：ifstream fin（"input.txt"）；

ofstream fout ("output.txt");

（4）从文件中读取（输入）数据。文件流的读入类似于用 cin 输入，只不过 cin 要换成前面所定义的输入流文件变量名。

fin＞＞n＞＞a＞＞b；　// 从 fin 指定的文件中读出三个值，分别存到变量 n，a 和 b 中

（5）将数据写入文件。文件流的输出类似于用 cout 输出，只不过 cout 要换成前面所定义的输出流文件变量名。

fout＜＜n＜＜a＜＜b；　// 将三个变量 n，a，b 中的数分别写入 fout 所代表的文件中

（6）文件结束函数。

函数：输入文件变量.eof（）。

作用：若到了整个文件的结尾处，函数将返回"true"，否则返回"false"。

当执行 fin＞＞n 读入失败，会返回 false，于是我们还可以这样判断是否需要继续执行循环体：

while (fin＞＞n)

……

（7）关闭文件。

过程：文件变量.close（）。

作用：关闭指定的文件。

【例1】现有一批商品的数量和单价，请编程序计算这批商品的总价值。要求用文件进行输入，结果在屏幕上显示。

输入格式（va.in）：

文件有若干行，第一行为商品种数，后面各行包括每种商品的数量和单价。

输出格式（屏幕）：

输出只有一行："Value =" 后跟商品的总价值（四舍五入，保留一位小数）。

输入输出样例：

表4-1

样例	输入	输出
样例1	2 2 1.5 5 3	Value = 18.0
样例2	3 1 2 6 0.5 3 3	Value = 14.0

【分析】

（1）根据题意，如果只用键盘输入数据、屏幕输出数据，则程序可编写为：

```cpp
// 程序 P18_2
#include <iomanip>    // 用于控制输出格式的库
#include <iostream>
using namespace std;
int n, sl;
double s, dj;
int main ()
{
    s = 0; cin >> n;
    for (int i = 0; i < n; ++i)
    {
        cin >> sl >> dj; s += sl * dj;
    }
    cout << fixed << setprecision (1) << s << endl;
    // 设置保留一位小数
    return 0;
}
```

（2）要改用从文件输入数据，需要对程序做如下的修改。
①加一个头文件：#include <cstdio>
②在主函数的输入语句之前即"s = 0;"前或后，加上重定向从文件输入语句：
freopen ("va.in", "r", stdin);
③在 return 0 之前加"fclose ();"关闭文件。

（3）如果采用 C++ 流进行文件的输入，程序可改为：

```cpp
// 程序 P18_3
#include <iomanip>
#include <iostream>
#include <fstream>
using namespace std;
ifstream fin ("va.in");    // 定义输入文件
int n, sl; double s, dj;
int main ()
{
    s = 0; fin >> n;
    for (int i = 0; i < n; ++i)
    {
```

```
        fin>>sl>>dj;
        s+=sl*dj;
    }
    cout<<"Value = "<<fixed<<setprecision(1)<<s<<endl;
    fin.close();    //关闭文件
    return 0;
}
```

如果要将上述两个程序的结果输出到文件中,应如何修改程序?

【例2】在星期五进行的数学单元测验中,数学老师给了你一张含有姓名和分数的成绩表,让你编程统计全班的平均分。要求用文件进行输入和输出。

输入格式(cjb.in):输入文件中有若干行,每行只有一项数据:学生姓名或学生分数。奇数行的是学生姓名,偶数行的是学生分数。

输出格式(cjb.out):输出文件第一行为栏目名称"Renshu Zongfen Pingjunfen",第二行为全班人数、总分和平均分。

输入输出样例:

表4-2

输入(cjb.in)	输出(cjb.out)
Li 95 Peng 95 Chen 85	Renshu Zongfen Pingjunfen 3 275.0 91.7

【分析】

(1)输入文件中没有明确表示人数,我们只能通过检测文件结束标志判断是否继续进行以下的处理。

①从文件中读取一堆数,所读取的第1个就是姓名、第2个就是分数。姓名不需要做任何处理,但分数需要累加起来。

②把人数计数器加1。

(2)要把结果存放到文件cjb.out中,因此需要在程序中建立和打开该文件,并通过输出语句将结果写到文件中。

【参考程序】

```cpp
//程序 P18_4
#include<iomanip>
#include<fstream>
using namespace std;
ifstream fin ("cjb.in");
ofstream fout ("cjb.out");
int rs; double fs, zf;
string name;
int main()
{
rs=0; zf=0;
while (fin>>name)     //直到读入失败为止
{
    fin>>fs;
    zf+=fs;
    ++rs;
}
fout<<"Renshu  Zongfen  Pingjunfen"<<endl;
fout<<setw(4)<<rs;   //控制宽度
fout<<setw(10)<<fixed<<setprecision(1)<<zf;
                //控制宽度及保留小数位
fout<<setw(10)<<fixed<<setprecision(1)<<zf/rs<<endl;
fin.close();
fout.close();
return 0;
}
```

在程序 P18_4 所在的文件夹中用记事本建立一个名为"cjb.in"的文件,按格式要求输入 15 位同学的姓名和分数,然后运行上述程序,再打开输出文件 cjb.out 查看你编程统计的结果。

(1) 根据题目要求将以下程序补充完整。

① 随机产生 10 个 50~100 的整数，输出到文件 da.out 中。

```
//程序 T18_1 (1)
#include<fstream>
#include<cstdlib>
#include<ctime>
using namespace std;
int main()
{
    srand(time(NULL));  //设置随机种子
    _____;

    for(int i=0;i<10;++i)
        fout<<50+rand()%51<<' ';
    fout<<endl;
    return 0;
}
```

② 将文件 mov1.txt 中的大于 80 的数转存到另一个文件 mov2.txt 中。

```
//程序 T18_1 (2)
#include<iostream>
using namespace std;
int main()
{
    _____;
    _____;
    for(int x;cin>>x;)
        if(x>80) cout<<x<<' ';
    cout<<endl;
    return 0;
}
```

(2) 统计一篇英文文章中所包含的 "N" 和 "H" 这两个字母的个数（不分大小写）。用文件进行输入输出，格式样例如表 4-3 所示。

表 4-3

输入（nh.in）	输出（nh.out）
My friend is a boy.	N：2
He's thin. He has short hair.	H：6

（3）用记事本建立一个名为"sg.in"的文本文件，然后输入竞赛小组所有同学的身高（两个数之间用空格隔开），再编程序统计出平均身高，结果存放到文件"sg.out"中。参考以下样例进行输入输出：

输入（sg.in）：147 152 136 142

输出（sg.out）：Pingjunshengao：144.25

（4）期末考试结束后，同学们都很着急地想知道自己的考试成绩。信息学小组的小辉同学受老师委托，统计每位同学语文、数学、英语三科的总分和平均分。你能编个程序帮助他吗？

输入格式（cjb.in）：输入文件有若干行，第一行是全班人数 N，后面各行为每位同学的学号和语文、数学及英语成绩。

输出格式（cjb.out）：输出文件共有 N 行，每行依次为每位同学的学号、语文、数学、英语、总分和平均分，并按平均分由高到低依次排列。

输入输出样例如表 4-4 所示。

表 4-4

输入（cjb.in）	输出（cjb.out）
3（人数）	
501 95 90 93（学号、语文、数学、英语）	501 95 90 93 278 92.7
502 87 89 98	502 87 89 98 274 91.3
503 80 92 78	503 80 92 78 250 83.3

（5）二分法查找。

要从一批已按从小到大顺序排好的数据中查找指定的数，二分法是一种高效的方法。设这批数存放在数组 $A[n]$ 中，要从中查找数 d。则其算法的基本过程是：

①设 p、q 分别为查找范围的左端点和右端点，开始时 $1 \rightarrow p$，$n \rightarrow q$。

②当未找到所要的数 d 并且 $p \leq q$ 时，重复③~⑥。

③用 $(p+q)$ div 2 计算出 p 和 q 的中点 m。

④如果 $A[m]$ 就是要找的数 d，则输出 m 并转⑧。

⑤如果 $A[m] > d$，说明 d 只可能落在 $A[p] \sim A[m-1]$ 之间，将 $m-1$ 赋给 q，转③。

⑥如果 $A[m] < d$，说明 d 只可能落在 $A[m+1] \sim A[q]$ 之间，将 $m+1$ 赋给 p，转③。

⑦如果 $p > q$ 则输出找不到信息"Not Found!"。

⑧算法结束。

二分法的基本原理是每次都将查找范围缩小一半再继续查找,因此这种查找方法又称为折半查找、对半查找等。

请你编一个程序,用二分法从一个已排好序的文件中找出指定数的位置,若找不到则输出 "Not Found!"。

输入输出样例如表 4-5 所示。

表 4-5

输入 (find.in)	输出 (find.out)
40 10 30 40 43 52 80 82	3

第 19 课　节约用电

学校体艺节还举办了一系列智力游戏活动，例如怎么样才能保证楼梯灯既能最大限度地满足照明的要求，又尽量节约用电。

小明想到了一个好点子，就是先摸清楚同学们平常上下楼梯时开关灯的习惯，再有针对性地制定制度指引如何做。

那么，现在小明需要你帮忙编写一个程序：根据同学们晚上随手开关楼梯电灯的记录，算算到天亮时哪些楼层的电灯是亮着的。

输入格式（light.in）：输入文件的第一行为天黑时各楼层的电灯状态，用"0"表示关，用"1"表示开；后面有若干行，每一行表示一个人在上下楼梯时的开关灯操作，其中每一个数分别代表进行开关电灯所在的楼层的编号。

输出文件（light.out）：输出文件只有一行，记录天亮时各楼层的电灯状态。如果输入数据有错误，就输出"Wrong!"，否则输出从一楼开始的各楼层电灯的状态（开或关）。

输入输出样例如表 4-6 所示。

表 4-6

样例	输入	输出
样例1	0 0 0 0 2 3	0 1 1 0
样例2	0 0 0 1 0 1 0　（电灯初始状态） 1 2 3　（第1人对第1、2、3层电灯进行过开关） 1 6　（第2人对第1、6层电灯进行过开关） 5　（第3人对第5层电灯进行过开关）	0 1 1 1 1 0 0

根据小明的要求，小马很快编出了以下程序：

```
// 程序 P19_1
#include <iostream>
#include <cstdio>
using namespace std;
bool getNum ( int &x )     // 定义一个布尔型函数
{
```

```
char ch;
do ch = getchar ();      //过滤掉无用字符
while (! ('0' < = ch && ch < = '9'));
x = 0;
do    //逐个字符读入,并计算得到数字 x
{
    x = ch - '0';
    ch = getchar ();
}
    while ('0' < = ch && ch < = '9');
    return ch = = '\n';    //判断是否到达行末
}
int main ()
{
freopen ("light.in", "r", stdin);
freopen ("light.out", "w", stdout);
int n, lh [100] = {0};
for (bool over = false; ! over;)    //读入第一行第 n 个数,直到行末
    over = getNum (lh [ + +n]);
for (int x; cin > >x;)    //读入剩下的数字
lh [x] = 1 - lh [x];
    for (int i = 1; i < = n; + +i)
cout < < lh [i] < < ' ';
    cout < < endl;
fclose (stdin); fclose (stdout);
return 0;
}
```

可是在没有通过严格测试前,小马不能确定该程序是否符合要求,能否为小明提供帮助。你有什么好办法帮助小马测试吗?

第一次编的程序难免存在错漏,这就要求我们要主动地对程序进行严格调试和测试,以排除错漏。程序的调试和测试往往是程序设计中所花时间最长的一个环节。

编写程序代码后需要反复调试(测试)和修改,直到满意再生成 EXE 文件,再测试没有问题后才可提交使用。这个过程如图 4-2 所示。

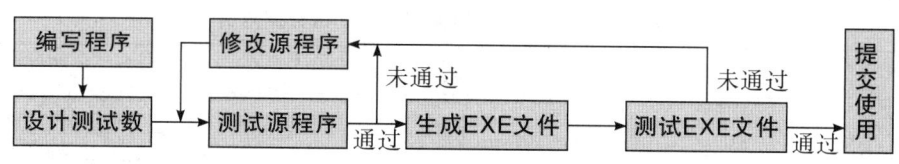

图4-2　程序从编写到提交使用的过程

● 测试数据的设计

1. 测试数据

用来检测程序的数据就是测试数据。为了尽可能更多地查找出程序中的错误，减少程序的漏洞，我们通常需要设计很多组数据进行测试。

一个测试点为一组数据，每一组测试数据包括输入数据和输出数据（即正确的结果，又称标准输出）两部分。

例如，前例中的"样例1"和"样例2"就是题目所提供的两组测试数据。

把输入数据提供给程序处理后，如果能得到与标准输出完全一样的结果，就说明程序能够通过这一组数据的测试，否则说明程序存在错误或漏洞，我们就要进一步通过调试程序，找出并改正程序中的错误。

2. 设计测试数据

一个程序首先要通过样例数据的测试，但这是远远不够的，我们必须另行设计一些测试数据来测试程序。虽然理论上通过测试的数据量越大，程序的错误率就越低，但我们有时不可能也没有必要把所有可能的数据都拿来测试，通常只能设计一些有代表性的数据来测试程序。

设计测试数据的一般原则如下：

（1）带着"挑毛病"的思想来设计测试数据，易于发现程序中存在的问题。

（2）测试数据要符合如表4-7所示的准确性和全面性的要求。

表4-7　测试数据准确性和全面性要求

测试数据的准确性	测试数据的全面性
（1）测试数据的输入输出格式与题目要求完全一致。 （2）测试数据在题目限制的范围之内。 （3）测试数据的输出结果必须是正确的	（1）对特殊情况进行考查，包括两种情况： ①题目的边界条件。 ②题目没有明文规定禁止出现，而又不合常理的情况。 （2）对算法的效率和程序时空承受能力的考查

例如，对于程序P19_1，我们可以设计如表4-8所示的测试数据。

表4-8 程序P19_1相关问题的测试数据范例

组别	输入（light.in）	输出（light.out）	说明
第1组	0	0	边界情况：只有1层楼，没人开关灯
第2组	1 1 2 3 1 6 9	Wrong!	不合常理情况：只有1层楼，开关灯楼层号却存在大于1的情况
第3组	1 1 0 1 0 1 0 1 1 0 1 1 1 2 3 4 5 6 7 8 9 12 11 12 1 2 3 4 5 6 7 8 9 10 11 12	1 1 0 1 0 1 0 1 1 1 1 0	中等规模的数据：测试常规情况
第4组	（数据太多，只能放在light.in中） （第1行50个1） （后面20行，每行10~50个1~50范围的数）	（数据太多，只能放在light.out中）	大规模数据：测试算法效率和时空承受能力

用上述第2组和第4组数据测试程序P19_1时，我们会发现该程序是存在漏洞的。

对照表4-8的测试数据，认真分析程序P19_1，你能发现程序存在什么漏洞？

当设计了输入数据后，如何得到它的标准输出呢？有两种方法：
（1）根据题目要求，用人工推导（或计算）的方法产生标准答案。
（2）用一个已通过严格测试的标准程序来生成标准答案。
例如：对于一个求 $n!$（$n≤20$）的问题，可按表4-9的方法生成标准答案（输出数据）。

表4-9 生成 $n!$ 输出数据的方法示例

组别	输入（n）	输出（$n!$）	生成输出数据的方法
第1组	0	1	数学中规定的
第2组	1	1	数学中规定的
第3组	4	24	只要简单计算就能确定标准答案
第4组	8	40 320	可以借助计算器或Excel计算确定标准答案
第5组	20	2 432 902 008 176 640 000	当n较大时，难以用人工计算的方法来确定标准答案，一般要用标准程序生成

● 手工测试程序

设计好测试数据后，就可以用手工来测试程序了。
我们可以按图4-3所示的两种方法测试每一组数据。

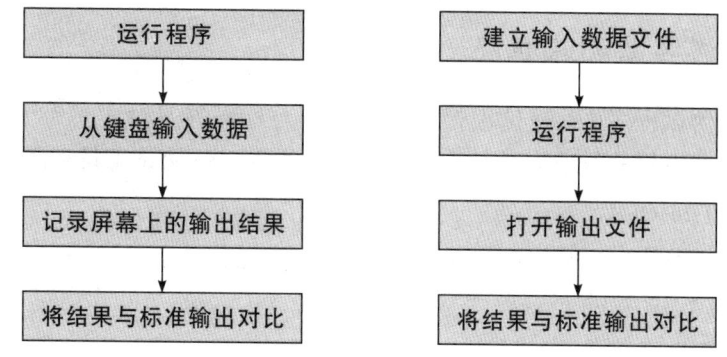

a. 用键盘输入数据、屏幕输出测试结果　　b. 用文件输入输出测试结果

图4-3　测试程序的过程

当有数据不能通过测试时，我们就要分析程序存在什么问题，反复调试、修改和测试，以排除程序中的错误。

分别用表4-8中的第1组和第2组数据测试程序P19_1，检查程序能否通过这两组测试。（注意：每次运行程序前，都要先清除light.in中原有的数据，再按输入格式输入新数据，除最后一行外，每输入一行后要按一次回车键；输出结果保存在light.out中，用记事本打开就能查看）

● 编译EXE文件

要使C++程序能离开C++的集成环境运行，就要把它编译成可执行的EXE文件。
在Dev-C++集成环境中，图4-4中编译、编译运行按键都能完成程序的编译工作。

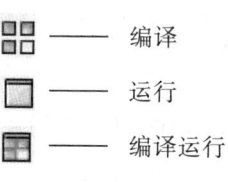
—— 编译
—— 运行
—— 编译运行

图4-4

如果程序没有语法错误，在进行编译后，就可在当前文件夹或指定的文件夹中生成与程序文件名相应的EXE文件了。（注意：程序文件名是指该程序存盘所用的文件名）

在 C++ 环境中将程序 P19_1 编译成 EXE 文件，再利用测试数据对该 EXE 文件进行测试。

● 利用测试工具测试程序

利用手工测试程序往往速度很慢，也不便于与标准答案对比。为了解决这些问题，人们设计了一些专用的程序测试工具。下面介绍用 Tsinsen 测试工具来测试程序的方法。

1. 安装 Tsinsen

双击文件"HWD 的评测系统.exe"，再按提示操作就能很快安装好 Tsinsen 测试工具了。

2. 测试准备

开始测试前，先要建立有关的文件夹，并把测试数据和程序复制到相关的文件夹中。数据文件夹为"data"，程序文件夹为"source"，其他数据子文件夹名称一般与该道题指定的程序文件名主名相同，程序子文件夹一般用学生姓名作名称，如图 4-5 所示。

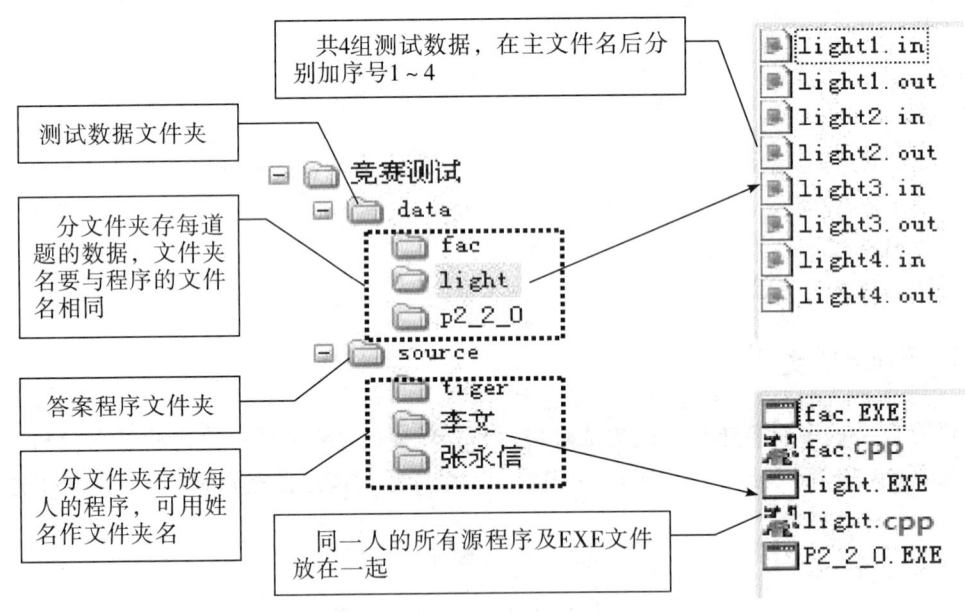

图 4-5 测试数据及程序存放位置

每题的测试数据分组对应，在文件主名后加上序号。例如"light2.in"对应的标准输出文件是"light2.out"。

3. 快速测试

做好了测试准备后，只要在相应的文件夹名称（如上面的"竞赛测试"文件夹）上按鼠标右键弹出快捷菜单，再选择"测试"命令就进入测试环境了。

打开测试器后，选择"测试"菜单中的"开始测试"命令，系统就开始自动用测试数据对程序进行测试了。如图4-6所示是一次测试的示例。

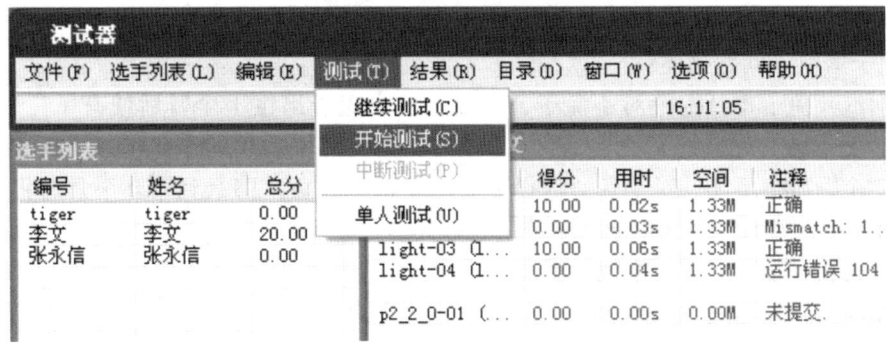

图4-6 测试示例

我们可以从测试窗口了解程序测试的详细情况。

4. 编辑修改测试参数

系统内设置的每个测试点限时为1秒，分值为10分，如果需要修改这些设置，可以选择测试器的"编辑"菜单调出"试题编辑器"进行修改。如图4-7所示。

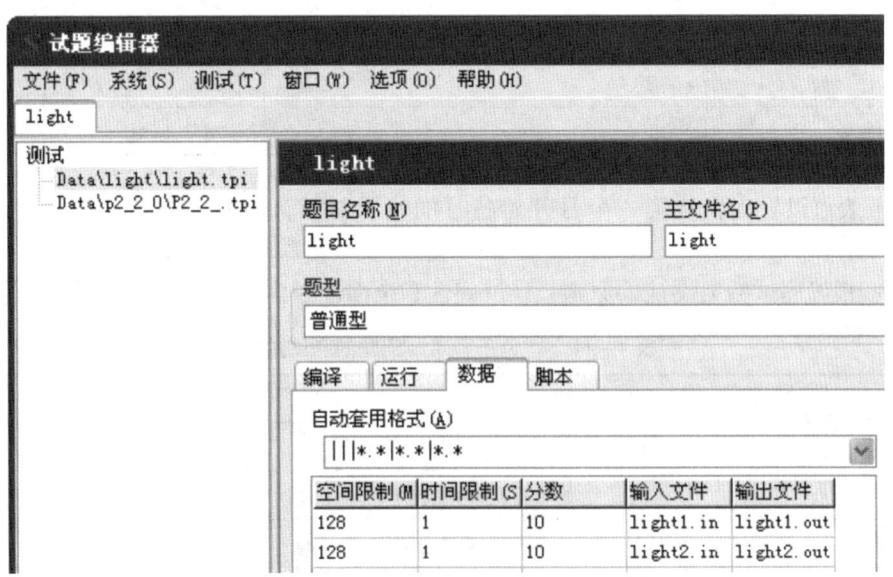

图4-7 试题编辑器

当同一题的源程序和EXE文件同时存在时，一般会直接运行EXE文件进行测试。如果想强行将源程序编译后再测试，可以通过"编译"按钮修改。

测试后，测试文件夹中将自动生成文件夹Results、文件Test.tdl及扩展名为".tpi"的一些文件。除了直接浏览测试情况外，测试成绩等情况也可以从"结果"菜单中导出。

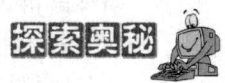

【例1】 试为以下的问题设计一套测试数据。

"兔子繁殖"问题描述：

一对成年兔子每月生一对小兔子，而每一对小兔子出生 1 个月后便有了生殖能力，两个月后生下第 1 对小兔子。即如果第 1 个月时有一对刚出生的小兔子，那么这对小兔子到第 3 个月时生下第一对小兔。假设所有兔子都不死亡，那么到第 n 个月时将会有多少对兔子？

输入格式：输入只有一个数 n（$n \leq 36$）。

输出格式：输出只有一个数——第 n 个月时的兔子对数。

输入输出样例：

输入样例 1：1

输出样例 1：1

输入样例 2：3

输出样例 2：2

【分析】

（1）根据题意，我们可以算出前 8 个月各个月的兔子对数。

表 4 – 10

月 序	1	2	3	4	5	6	7	8
兔子对数	1	1	2	3	5	8	13	21

从上表可以看出：从第 3 个月开始各月的兔子对数，刚好等于前两个月兔子对数之和。

（2）根据测试数据设计的原则，从准确性和全面性考虑，可以设计如下几组数据。

表 4 – 11 "兔子繁殖"问题的测试数据

组别	输入	输出	说明
第 1 组	1	1	直接使用样例 1
第 2 组	3	2	直接使用样例 2
第 3 组	8	21	小规模普通数据
第 4 组	23	28 657	本题中还在 short 类型范围的最大数
第 5 组	36	14 930 352	检查 n 的值达到最大时的情况，难用手算，可通过 Excel 中的公式拖动计算

在设计测试数据时，除考虑普通情况外，特别要注意最小值、最大值、特殊值、超某类型范围值这些情况。较大的数据一般难以用手工计算出来，往往需要借助其他手段。

展示实力

（1）采用键盘输入、屏幕输出的方式编写本节例1的程序，然后使用表4-11的各组测试数据对程序进行测试。

（2）采用文件输入输出的方式编写本例题的程序，编译为EXE文件，然后使用表4-11的各组测试数据分别用手工和Tsinsen系统对程序进行测试。

要求及提示：

①源程序文件名：rabbit.cpp。

②输入文件名：rabbit.in，输出文件名：rabbit.out。

③用Tsinsen系统测试时，各组输入数据的文件名分别为rabbit1.in，rabbit2.in，rabbit3.in，rabbit4.in，rabbit5.in，各组输出数据（标准答案）的文件名分别为rabbit1.out，rabbit2.out，rabbit3.out，rabbit4.out，rabbit5.out。

（3）利用Tsinsen系统，使用表4-11中的数据测试程序P19_1（先改文件名为light.cpp）。测试前在"试题编辑器"窗口中进行以下的设置：

①将时间限制设为2秒，每组数据分值为20分；

②由系统强制编译为EXE文件。

（4）为以下的问题设计测试数据，编好程序后利用Tsinsen系统进行测试。

问题描述：

求前 n 个奇数之和（程序文件名为：he.cpp）。

输入格式（he.in）：输入文件只有一个数 n（$n \leq 50\,000$）。

输出格式（he.out）：输出文件只有一个数——前 n 个奇数之和。

输入输出样例：

输入样例1：1

输出样例1：1

输入样例2：3

输出样例2：9

（5）编程找出不大于自然数 n（$n \leq 500\,000$）的完全平方数，并按从小到大的顺序输出。

要求：利用文件进行输入和输出，并设计一套测试数据利用Tsinsen系统进行测试，再提交EXE文件。

输入格式（p_sq.in）：只有一个数 n。

输出格式（p_sq.out）：有若干行，每行最多10个数。

输入输出样例：

输入：10　　　　输出：1 4 9

一、结构体

（一）结构体的定义

struct 结构体名称
{
    类型1＜名称列表1＞；
    类型2＜名称列表2＞；
    类型3＜名称列表3＞；
}；
如：
struct studa　　// 定义结构体类型
{
    string num，nam；
    bool sex；
    double s［5］；
}；
studa：student，b［10］；　　// 定义结构体变量
对结构体中各个成员的引用，要写出变量名和成员名，如 student.num。

（二）结构体的作用

结构体的作用是使我们用同一个变量记录不同的数据类型，也使得不同的数据类型可以组成一个整体处理。

二、函数

（一）函数的定义

格式：
返回类型　函数名（参数列表）
{
    ＜函数体＞
}

（二）函数的调用

调用函数时要严格按照函数名以及参数列表的格式。
函数的调用可以出现在多个地方。
例如，赋值语句的右边：
x = 函数名＜实参列表＞；// x 的类型与函数类型必须一致

又如，如果函数类型是boolean，则还可以出现在条件语句中，充当条件表达式：

if（函数名＜实参列表＞）{…}

也可以单独作为一个语句，例如：函数名＜实参列表＞；

（三）函数的功能

（1）使程序模块化，简洁美观。

（2）使功能相同的程序段合并，提高设计效率。

三、文本文件操作

（一）重定向方式

1. 打开文件

（1）为读数（输入）打开：freopen（"＜输入文件名＞","r",stdin）；

（2）为写数（输出）打开：freopen（"＜输出文件名＞","w",stdout）；

2. 输入和输出数据

（1）输入数据：使用C++提供的cin、scanf等语句。

（2）输出数据：使用C++提供的cout、printf等语句。

3. 关闭文件

（1）关闭输入文件：fclose（stdin）；

（2）关闭输出文件：fclose（stdout）；

（二）文件流方式

1. 包含头文件

#include＜fstream＞。

2. 定义文件变量并指定代表的文件

如：

（1）指定输入流文件：

ifstream fin（"pen.in"）；// 指定输入流文件变量为fin，实际文件为pen.in

（2）指定输出流文件：

ofstream fout（"pen.out"）；// 指定输出流文件变量为fout，实际文件为pen.out

3. 输入和输出数据

（1）输入数据：输入文件变量名＞＞输入变量表

如：fin＞＞xm，sg，tz；

（2）输出数据：输出文件变量名＞＞输入变量表

如：fout＜＜xm＜＜score；

4. 检测文件是否结束的函数

输入文件变量.eof（）。

5. 关闭文件

文件变量.close（）。

(1) 写出下列程序的运行结果。

①
```
//程序dy4_1(1)
#include<iostream>
using namespace std;
struct age
{
    string xm;
    int cx;
};
int m;
age a[10];
int main()
{
    for(int i=1;i<=3;i++)
        cin>>a[i].xm>>a[i].cx;
    for(int i=3;i>=1;i--)
        cout<<a[i].xm<<" "<<a[i].cx<<endl;
    return 0;
}
```
(运行时输入：li 1998 chen 1996 hong 1999)

②
```
//程序dy4_1(2)
#include<iostream>
using namespace std;
int a,b;
int sum(int x)
{
    int p=0;
    while(x>0)
    {
        p+=x%10; x/=10;
    }
    return p;
}
int main()
{
    cout<<"input a,b"<<endl;
    cin>>a>>b;
    if(sum(a)==sum(b)) cout<<"yes"<<endl;
    else cout<<"no"<<endl;
    return 0;
}
```
(运行时输入：98 89)

本程序的运行结果：

本程序的运行结果：

续上

③
```
//程序 dy4_1 (3)
#include <iostream>
using namespace std;
int n;
void print (int n)
{
    int i;
    if (n! = 0)
    {
    cout < < endl;
    }
}
int main ()
{
    cout < < "n = ";
    cin > > n;
    print (n);
    return 0;
}
        print (n - 1);
        for (int i = 1; i < = n; i + + )
    cout < < i < < " ";
(运行时输入: 4)
```

本程序的运行结果:

④
```
//程序 dy4_1 (4)
#include <iostream>
#include <cstdio>
using namespace std;
int n, k;
int main ()
{
    freopen ("knumber. in", "r", stdin);
    freopen ("knumber. out", "w", stdout);
    cin > > n > > k;
    int ans = 0;
    for (int i = 1; i < = n; + + i)
    {
        bool bo = true;
        for (int j = i; j; j /= 10)
            bo & = (j % 10 < = k);
        ans + = bo;
    }
    cout < < ans < < endl;
    fclose (stdin);
    fclose (stdout);
    return 0;
}
(文件 knumber. in 中的内容为 "23 3")
```

本程序的运行结果:

(2) 分析下列问题及对应的程序,看看程序中横线上应填写什么内容才符合题意。

①下面的程序是从10名运动员中选出3名代表去参加台上的领奖仪式,求有几种不同的选法。[公式:c(m, n) = m! /n! *(m - n)! 表示从m中选n]

```
// 程序 dy4_2 (1)
#include <iostream>
using namespace std;
int c, m, n;
int factor (_____)
{
    int p = 1;
```

```
        for (int i =1; i < =x; i + +)
            _____;
        return p;
}
int main ()
{
        cin > >m > >n;
        c = _____;
        cout < < "c (" < <m < < "," < <n < < ") = " < <c < <endl;
        return 0;
}
```

②输入一个 11 位正整数，然后与它倒过来的数相加。

先将读入的正整数进行数字分离，分离出个位、十位、百位等各位数字，依次存放到 a[10]，a[9]，a[8]……各下标变量中，然后再将它们合并成一个倒过来的数 y，再与原数相加。

```
//程序 dy4_2 (2)
#include <iostream>
using namespace std;
int a [11];
int main ()
{
        int t, x, x1, y;
        cin > >x;
        x1 =x;
        t = -1;
        while (x1 >0)
        {
                _____
                a [t] =x1% 10;
                x1 /=10;
        }
        y =0;
        for (int i =0; i < =t; i + +)
            _____
        cout < <x +y < <endl;
        return 0;
}
```

(3) 请你设计一批求解以下问题的测试数据。

【问题描述】

居民阶梯电价是指将现行单一形式的居民电价，改为按照用户消费的电量分段定价，用电价格随用电量增加呈阶梯状逐级递增的一种电价机制。已知某市居民的阶梯电价标准如下：

①夏季标准（5－10月）：

第一档电量为0～260度，电价为0.62元/度；第二档电量为261～600度，电价每度加价0.05元，为0.67元/度；第三档电量为601度及以上，电价每度加价0.3元，为0.92元/度。

②非夏季标准（1－4月、11－12月）：

第一档电量为0～200度，电价为0.62元/度；第二档电量为201～400度，电价每度加价0.05元，为0.67元/度；第三档电量为401度及以上，电价每度加价0.3元，为0.92元/度。

程序要求在输入月份和用电度数后，能输出所要缴交的电费。（结果保留两位小数）

【输入】

输入一行，两个数：月份和用电度数。（charge.in）

【输出】

输出一个数：电费。（charge.out）

【输入输出样例】

表4－12

样例	输入（charge.in）	输出（charge.out）
样例1	1　100	62.00
样例2	12　216	134.72
样例3	5　601	389.92

（4）求出2～1 000之间的所有完全数〔一个正整数若等于它全部因子的和（包括因子1但不包括自身），这样的数称为完全数〕。如6＝1＋2＋3，则6为完全数，而8≠1＋2＋4，所以8不是完全数。

（5）山顶有10个洞，狐狸要吃兔子，兔子说："可以，但必须找到我，我就藏身于这10个洞中，你先到1号洞找，第二次隔1个洞找，第三次隔2个洞找，之后依此类推，次数不限。"但狐狸从早到晚进进出出了1 000次，仍没有找到兔子。问兔子究竟藏在哪个洞里？

（6）编程读入两个字符串，然后输出如下信息：

①出现在某一个字符串中至少一次的字母和数字。

②同时出现在两个字符串中至少一次的字母和数字。

③出现在一个字符串中而不出现在另一个字符串中的字母和数字。

④不出现在任何字符串中的字母和数字。

第五单元 编程实战

第 20 课 寻找亲和数

人和人之间讲友情,有趣的是,数与数之间也有"相亲相爱",这就是亲和数。对于两个不同正整数 x,y,如果它们各自的所有真约数(即不等于自身的约数)之和等于另一个数,则这两个数称为亲和数,也叫相亲数。例如 220 和 284 是一对亲和数,因为:

220 的所有真约数之和为:$1+2+4+5+10+11+20+22+44+55+110=284$

284 的所有真约数之和为:$1+2+4+71+142=220$

经过数学家的不懈努力,已发现了 1 000 对以上的亲和数,220,284 是最小的一对亲和数。那么除了 220 及 284 这一对亲和数外,还有哪些亲和数呢?让我们编写一个程序,找出 10 000 以内的亲和数。

● 求亲和数

【分析】

①如果一个数 i 能够被另一个数 k 整除,则 k 就是 i 的约数(也叫因数)。假设在 $2\sim\sqrt{i}$ 之间有一个数 k 是 i 的真约数,那么在 $\sqrt{i}\sim i$ 之间必然有另一个 i 的真约数 i/k 与 k 相乘得到 i,因此我们可以从 $2\sim\sqrt{i}$ 循环找出 i 的所有真约数,并算出所有真约数之和 j。

②用同样方法计算 j 的真约数之和,并判断是否等于 i,如果等于说明 i 和 j 是亲和数。

【参考程序】

```
//程序 P20_1
#include <iostream>
using namespace std;
int ysh (int x)  //计算 x 的因数和
{
```

```
    int he =1;
    for (int i =2; i * i <=x; ++i)    //枚举i，判断是否是x的因数
        if (x % i ==0)
        {
            he +=i;
            if (i * i !=x) he +=x /i;    //完全平方数特殊处理
        }
    return he;
}
int main ()
{
    for (int i =220; i <=10000; ++i)
    {
        int j =ysh (i);  //计算可能与i形成亲和数对的j
        if (j <=10000 && j !=i && ysh (j) ==i)
            cout << i << "-" << j << endl;
    }
    return 0;
}
```

观察运行结果，我们会发现同一对亲和数输出了两次。如何更改程序，才能使同一对亲和数只输出一次呢？

特殊数的处理是计算机编程中一个常见的问题，主要涉及求约数、素数判断、数的分离、数字的组合以及奇偶判断等处理。

1. 约数与素数

如果一个数 a 能够被另一个数 b 整除，则 b 就是 a 的约数，也叫因数。只能被1与其本身整除的自然数称为素数，也叫质数。1 不是素数。

根据素数的定义可知，如果一个数 a 除了1及本身没有其他约数，则说明 a 是素数。我们可以借鉴程序 P20_1 中求约数的方法，在 $2 \sim \sqrt{a}$ 的范围内查找是否有 a 的约数，如果没有则说明 a 是素数。具体程序段如下：

```
bool ss (int x)
{
```

```
    if (x = = 1) return false;
    for (int i = 2; i * i < = x; + +i)
        if (x % i = = 0) return false;
    return true;
}
```

2. 数值与字符串的转换

C++中存在字符串流 stringstream，这允许我们向流输出部分内容，然后再以流的形式读进来，利用这个功能我们可以很容易地实现数值数据与字符串间的转换。

```
int s2i (string x)                    string i2s (int x)
{                                     {
    int y;                                string y;
    stringstream f;                       stringstream f;
    f < < x; f > > y;                     f < < x; f > > y;
    return y;                             return y;
}                                     }
```

3. 数字的分离

数字的分离主要是指将一个数的每位数字逐个分离出来。分离数字的方法主要有两种：用字符串处理的方法以及数学方法。

我们可以通过用 i2s () 将数值转换成字符串，字符串上每一位字符就是对应位上的数字。如果需要将分离出来的数字用作其他数值计算，可以利用 ASCII 码相减来实现，也可以用 s2i () 将字符串转换为数值。

用数学方法分离数字，实际上就是不断对需要转换的整数进行求余和整除运算。

表 5 - 1   数字分离方法程序示例

用字符串处理方法	数学方法

s = i2s (x); //转换为字符串
len = s. length ();
for (int i = len-1; i > =0; - -i)
  a [len-1-i] = s [i] - '0'; //每一位的字符转换成数值，存入数组的每个元素中，最低位存入 a [0] 中，依此类推
	for (int i =0; x >0; + +i, x /=10)
	  a [i] =x % 10;
	//从最低位开始，将每一位数字分别分离出来并存放到数组 a [0] 开始的各个元素中

4. 数字的组合

数字的组合是指将若干个数字根据一定的规则组合在一起形成一个新的数。组合数字的方法同样也是两种：字符类型数字的组合方法和数值类型数字的组合方法，如表 5-2 所示。

对于字符类型的数字，可以先采用字符连接运算将数字连接在一起，再用 s2i () 将字符串转成数值。

对于数值类型的数字，可以采用数学方法将数字组合在一起。

表5-2　数字组合方法程序示例

字符类型数字的组合方法	数值类型数字的组合方法

`for (int i = 0; i < n; ++i)`
　`snew.push_back (s [i]);`
`x = s2i (snew);`
	`xnew = 1;`
	`for (int i = 0; i < n; ++i)`
	　`xnew = xnew * 10 + a [i];`

【例1】 卡布列克常数。任意一个用不完全相同数字组成的4位数，如果对它的每位数字重新排序，然后组成一个最大的数和一个最小的数，用大数减小数，差不足四位数补零，依此类推，最大数减最小数的差最后将变成一个固定的数6 174，这就是卡布列克常数。

例如：

8 765 - 5 678 = 3 087　　　　9 876 - 6 789 = 3 087
8 730 - 378 = 8 352　　　　　 8 730 - 378 = 8 352
8 532 - 2 358 = 6 174　　　　 8 532 - 2 358 = 6 174
7 641 - 1 467 = 6 174　　　　 7 641 - 1 467 = 6 174

请编程验证这个常数。要求重复计算最大数减最小数，直到当前差与之前的差相等为止。

输入格式（kblk.in）：输入文件只有一个数，即由不完全相同数字组成的4位数。注意首位不能为0。

输出格式（kblk.out）：按样例格式输出结果。

输入输出样例：

输入：7 865

输出：8 765 - 5 678 = 3 087
　　　8 730 - 378 = 8 352
　　　8 532 - 2 358 = 6 174
　　　7 641 - 1 467 = 6 174

【分析】

①本题运用数值计算也可解决，但在分离各位数字和重组数时，计算比较麻烦，利用字符串处理则相对方便许多。

②用函数i2s（）将数a转换成字符串st，将st中各个字符由小到大排序，利用字符串连接将字符组成最大数max和最小数min。

③用函数s2i（）将两个字符串转换成数值进行计算，得到大数与小数之差cha。

④判断cha与a是否相等，如果不相等就将cha的值赋给a，然后继续步骤②，如果相等则说明已经找到常数。

【参考程序】

```cpp
//程序P20_2
#include<sstream>     //用于字符流的库,实现i2s和s2i
#include<iostream>
#include<algorithm>   //算法库,包含排序函数sort()
using namespace std;
int s2i(string x)     //字符串转数值
{
    int y;
    stringstream f;
    f<<x; f>>y;
    return y;
}
string i2s(int x)     //数值转字符串
{
    string y;
    stringstream f;
    f<<x; f>>y;
    return y;
}
int a,cha,ma,mi;
string smax,smin,st;
int main()
{
    freopen("kblk.in","r",stdin);  //打开输入输出文件
    freopen("kblk.out","w",stdout);
    cin>>a; cha=0;
    for(bool over=false;!over;)
    {
        st=i2s(a);  //转为字符串
        sort(st.begin(),st.end());  //对每一位字符排序
        smax=smin="";
        for(int i=0;i<4;++i)  //重新整合成最大最小字符串
        {
            smax.push_back(st[3-i]);
            smin.push_back(st[i]);
        }
        ma=s2i(smax);
```

```
            mi=s2i(smin);
            cha=ma-mi;    //最大最小值之差
            cout<<ma<<'-'<<mi<<'='<<cha<<endl;
            if(cha<1000) cha*=10;
            if(a!=cha) a=cha;    //直到找到常数
            else over=true;
        }
    return 0;
}
```

【例2】回文素数。若一个自然数（首位不为0）从左到右读与从右到左读都是一样，这个数就叫回文数。如121，4 114等。

只能被1（1不是素数）与其本身整除的自然数称为素数，如7，353等。

如在100以内，既是回文数又是素数的有：2，3，5，7，11。

键入 n，m（$1 \leq n < m \leq 10\,000$），求出 n，m（含 n 与 m）之间既是回文数又是素数的自然数共有多少个？假设 $n < m$，且都是自然数。

输入格式（hwss.in）：文件有两行，第一行为 n，第二行为 m。

输出格式（hwss.out）：输出回文素数的个数，如果没有找到则输出"Not Found！"。

输入输出样例：

输入：
2
100

输出：
5

【分析】

①定义一个函数 ss 用于判断某个数 x 是否为素数。

②定义一个函数 hws 用于判断某个数 y 是否是回文数。用字符串方法判断左边数第 i 位是否等于右边数第 i 位，若全都相等则说明 y 是回文数。

③用变量 sum 存储既是回文数又是素数的自然数的个数，如果 sum=0，则输出"NO"。

【参考程序】

```
//程序 P20_3
#include<sstream>
#include<iostream>
using namespace std;
bool ss(int x)    //判断 x 是否是素数
{
    if(x==1) return false;
    for(int i=2;i*i<=x;++i)
```

```cpp
        if (x % i = = 0) return false;
    return true;
}
string i2s (int x)
{
    string y;
    stringstream f;
    f < < x; f > >y;
    return y;
}
bool hws (int x)  //判断x是否是回文数
{
    string s = i2s (x);
    int len = s. length ();
    for (int i = 0; i + i < len; + +i)  //判断左边数第i位是否等于右边数
                                        第i位
        if (s [i] ! = s [len - 1 - i]) return false;
    return true;
}
int n, m;
int main ()
{
    freopen ("hwss. in", "r", stdin);
    freopen ("hwss. out", "w", stdout);
    cin > >n > >m;
    int sum = 0;
    for (int i = n; i < = m; + +i)
        if (hws (i) && ss (i)) + +sum;
    if (sum) cout < < sum < < endl;
    else cout < < "NO" < < endl;
}
```

展示实力

(1) 某数的平方是七位数且这七个数字不相同，如 $1\,267^2 = 1\,605\,289$。编写程序，输入 x，y（$1\,000 \leq x \leq y \leq 9\,999$），在 $x \sim y$ 的范围内找出所有符合条件的数并打印出来。

(2) 找出具有下列性质的 n（$n \leq 7$）位自然数：如果将这个数从中间数位开始平均分割成两部分，然后将这两部分相加，所得到的和的平方等于原来那个数。

(3) 真约数之和等于它本身的数称为完数，例如 28 的真约数是 1，2，4，7，14，并且 $1+2+4+7+14=28$，所以 28 是完数，完数又称完全数。编写程序，输入 x，y（$2 \leq x \leq y \leq 10\,000$），求 $x \sim y$ 中的完数。

(4) 一个自然数是素数，且它的数字位置经过任意对换后仍为素数，则称为绝对素数，例如 13。试找出所有两位的绝对素数。

(5) 一个数有两个或两个以上相同的质因数叫漂亮数，如果两个漂亮数之间相差为 1，则称为孪生漂亮数，8 和 9 就是一对孪生漂亮数。请编程再找出一对孪生漂亮数。

(6) 卡布列克圆舞曲。卡布列克是一位数学家，他在研究数字时发现：任意一个不是用完全相同数字组成的四位数，如果对它们的每位数字重新排序，然后组成一个最大的数和一个最小的数，用大数减小数，差不够四位数补零。依此类推，最后变成一个固定的数，四位数是 6 174，三位数是 495，这就是卡布列克常数。如果五位数照此处理，它们不是变成一个数，而是在几个数字之间形成循环，称作卡布列克圆舞曲。

例1：54 321
54 321 − 12 345 = 41 976
97 641 − 14 679 = 82 962
98 622 − 22 689 = 75 933
97 533 − 33 579 = 63 954
96 543 − 34 569 = 61 974
97 641 − 14 679 = 82 962
98 622 − 22 689 = 75 933

例2：43 211
43 211 − 11 234 = 31 977
97 731 − 13 779 = 83 952
98 532 − 23 589 = 74 943
97 443 − 34 479 = 62 964
96 642 − 24 669 = 71 973
97 731 − 13 779 = 83 952
98 532 − 23 589 = 74 943

编程模拟五位数的卡布列克圆舞曲的求解过程。

第21课 选班长

新学期开始了,小斌所在班要在10名候选同学中选出班长,这10位同学的代号是 a~j。选举要求全班 n($20 \leq n \leq 100$)位同学参加投票,得票数第一的同学做班长。如果出现得票数相同的情况,则编号在前的同学当选。

请编写程序,统计10位同学的得票数,输出当选者的代号及得票数。

输入格式(toupiao.in):文件第一行为整数 n,第二行为 n 个 a~j 的字符。

输出格式(toupiao.out):输出当选者的代号及得票数。

输入输出样例:

输入:20
　　　abcdefghijjjjaaabbbj

输出:Banzhang is j 5 piao.

● 统计票数

【分析】

①我们可以定义一个数组 ps[10] 用于存放10个同学的得票数,如读入的是"a"则累加入 ps[0],这样便可以计算出"a"的得票数。

②计算完10个同学的得票情况后,逐一比较 ps[0] ~ ps[9],输出得票最高的人的当选者代号 j 及得票数 max。

【参考程序】

```
// 程序 P21_1
#include<iostream>
using namespace std;

char ch;
int n, p, ps[10] = {0};

int main()
{
    freopen("toupiao.in", "r", stdin);
    freopen("toupiao.out", "w", stdout);
```

```
    cin>>n;
    for(int i=0;i<n;++i)
    {
        cin>>ch;
        ++ps[ch-'a'];      //利用ASCII码作差ch-'a'得到相应的数组
                           下标进行统计
    }
    p=0;    //先假定p=0时有最大值
    for(int i=1;i<10;++i)    //寻找更大的p
    if(ps[i]>ps[p]) p=i;
    cout<<"Banzhang is "<<(char)('a'+p)<<" "<<ps[p]<<" piao"<<endl;
    return 0;
}
```

如果参选同学的代号分别是 11~20，应该如何更改程序？如果要统计每个参选同学的得票率，又应该如何更改程序？

数据统计主要是指对数据进行个数统计、求和、求平均值等，这类问题一般涉及数据较多，计算比较烦琐。设计此类问题的算法时应注意下面的几点：

（1）明确数据的存放方式以及数据类型。如计算百分比、平均值等，因为有除法运算，所以要将相应的变量定义为 double。如涉及统计个数的运算，可以将存放结果的数组下标直接与数据本身关联。

（2）自定义函数实现不同的统计功能。有些题目涉及的统计功能较多，就可以定义函数实现不同的统计功能，使程序清楚明了，减少出错的机会。

【例1】输入 n 名学生语文、数学、英语三门功课的成绩，输出各人各科成绩及总分，并输出三科的全班平均分。

输入格式（chengji.in）：文件第一行是 n（1≤n≤100），接着有 n 行，第 i+1 行是学号为 i 的同学的三科成绩。

输出格式（chengji.out）：按顺序输出各位同学的各科成绩及总分，最后三行输出三科成绩的全班平均分（小数保留两位有效数字）。

输入输出样例：

输入：4
　　　85 96 74
　　　56 58 59
　　　75 74 76
　　　81 82 93

输出：NO.1 85 96 74 255
　　　NO.2 56 58 59 173
　　　NO.3 75 74 76 225
　　　NO.4 81 82 93 256
　　　yuwen：74.25
　　　shuxue：77.50
　　　yingyu：75.50

【分析】

①定义一个二维数组cj[100][4]用于存放学生的成绩，cj[i][0]~cj[i][2]依次存放语文、数学、英语三科的成绩，cj[i][3]存放三科总分。

②yw，sx，yy分别存放语文、数学、英语三科的全班平均分，输出时设定精度为2，使三科平均分小数点后保留两位有效数字。

【参考程序】

```cpp
//程序 P21_2
#include <iomanip>
#include <iostream>
using namespace std;

int n, cj[100][4];
double yw, sx, yy;

int main()
{
    freopen("chengji.in", "r", stdin);
    freopen("chengji.out", "w", stdout);
    cin>>n;
    yw = sx = yy = 0;
    for (int i = 0; i < n; ++i)
    {
        for (int j = 0; j < 3; ++j)
        {
            cin>>cj[i][j];
            cj[i][3] += cj[i][j];    //统计个人总分
        }
        yw += cj[i][0];    //统计三科总分
        sx += cj[i][1];
        yy += cj[i][2];
    }
```

```
        yw /=n; sx /=n; yy /=n;    //计算三科平均分
        for (int i =0; i < n; + +i)
        {
            cout < < "NO."< < i +1 < < ' ';
            for (int j =0; j < 4; + +j)
                cout < < cj [i] [j] < < ' ';
            cout < < endl;
        }
        cout < < "yuwen:"< < fixed < < setprecision (2) < < yw < < endl;    //setprecision是一个计算机函数,功能是控制输出流显示浮点数的有效数字个数
        cout < < "shuxue:"< < fixed < < setprecision (2) < < sx < < endl;
        cout < < "yingyu:"< < fixed < < setprecision (2) < < yy < < endl;
        return 0;
    }
```

增加程序功能,使程序能够统计三门功课的合格率。

【例2】已知 n 种蛋糕 m 种配料用量及各种原料的单价,求 n 种蛋糕各种原料的成本和总成本。如已知1,2,3三种蛋糕6种配料如表5-3所示。

表5-3 三种蛋糕的配料

原料		水果	黄油	砂糖	面粉	鸡蛋	果酒
单价/(元/克)		0.05	0.035	0.018	0.015	0.02	0.025
配料/克	第1种	100	400	400	50	250	150
	第2种	75	300	300	25	200	100
	第3种	50	200	200	20	150	50

输入格式(cake.in):文件第一行是 n 和 m ($1 \leq n \leq 100$, $1 \leq m \leq 10$),第二行有 m 个数字,分别是 m 种原料的单价,接下来 n 行是 n 种蛋糕的配料用量(每种配料用量在1 000 克以内)。

输出格式(cake.out):文件第一行输出 n 种蛋糕的总成本,接下来 n 行是 n 种蛋糕各种原料的成本和总成本。所有数字均保留小数点后三位有效数字。

输入输出样例：

输入	输出
3 6	79.875
0.05 0.035 0.018 0.015 0.02 0.025	NO.1　5.000　14.000　7.200　0.750　5.000　3.750　35.700
100 400 400 50 250 150	NO.2　3.750　10.500　5.400　0.375　4.000　2.500　26.525
75 300 300 25 200 100	NO.3　2.500　7.000　3.600　0.300　3.000　1.250　17.650
50 200 200 20 150 50	

【分析】

①本题涉及的数据比较多，而且 n 和 m 都是不确定的，因此本题重点是要解决数据的存放问题。定义数组 dj[10] 用于存放各种原料的单价，定义数组 cj[100][11] 用于存放 n 种蛋糕的成本，其中第 m 列 cj[i][m] 是存放第 i 种蛋糕的总成本。变量 sum 用于存放 n 种蛋糕的总成本。因为这些数据都涉及小数运算，所以应定义成 double 类型。

②接着解决数据的读取问题。首先读取 n 与 m 的值，接着用循环读取各原料的单价存放到数组 dj 中。然后用双重循环来读取某种蛋糕的配料用量，同时计算蛋糕各种原料的成本和总成本。

【参考程序】

```cpp
//程序 P21_3
#include<iomanip>
#include<iostream>
using namespace std;
int n,m;
double dj[10],cj[100][11],sum,tem;
int main()
{
    freopen("cake.in","r",stdin);
    freopen("cake.out","w",stdout);
    cin>>n>>m;
    for(int i=0;i<m;++i)     //读入单价
        cin>>dj[i];
    for(int i=0;i<n;++i)
    {
        for(int j=0;j<m;++j)
        {
            cin>>tem;   //读入用量，计算总价
            cj[i][j]=tem*dj[j];
            cj[i][m]+=cj[i][j];
        }
        sum+=cj[i][m];
```

```
    }
    cout << fixed << setprecision(3); //设置输出保留小数点后三位
    cout << sum << endl;
    for(int i = 0; i < n; ++i)
    {
        cout << "NO." << i+1;
        for(int j = 0; j <= m; ++j)
            cout << ' ' << cj[i][j];
        cout << endl;
    }
    return 0;
}
```

【例3】成绩分析。每次学科测验后,老师都需要对该次测验成绩进行分析。主要是统计该次测验的平均分、各分数段的人数、最高分及最低分以及将所有学生按成绩由高到低的顺序排列。请你编写一个程序,实现上面成绩分析的所有功能。

输入格式(score.in):文件第一行是整数 n($1 \leq n \leq 100$),接下来是 n 行学生成绩(均为 100 以内的整数)。

输出格式(score.out):文件第一行输出平均分、最高分及最低分,文件第二行输出各分数段的人数。59 分及以下为一段,其余每 10 分划为一段,90 分及以上为最后一段。余下 n 行按成绩高低输出名次、学号、成绩。

输入输出样例:

输入	输出
3	Pjf: 80.33 Zuigaofen: 100 Zuidifen: 56
1 100	100~90: 1 89~80: 1 79~70: 0 69~60: 0 59~0: 1
2 56	NO.1 1 100
3 85	NO.2 3 85
	NO.3 2 56

【分析】

任务的实现主要有 4 个步骤:读数据、统计、排序、输出,可以通过定义不同的函数来实现,其中读数据和统计可以同时进行。定义 count 函数完成各分数段人数的统计,定义 sort 函数完成成绩的排序,定义 print 函数完成输出。

【参考程序】

```
//程序 P21_4
#include <iomanip>
#include <iostream>
using namespace std;
int n, rs[5] = {0}, cj[100][2];
```

```cpp
    double sum;
    void count(int x)      //统计各分数段人数
    {
        int d = x/10 - 5;
        if (d < 0) d = 0;
        if (d == 5) d = 4;
        ++rs[d];
    }
    void sort()      //冒泡排序,若使用结构体,可以调用算法库自带的sort函数
    {
        for (bool over = false; !over;)
        {
            over = true;
            for (int i = 0; i < n-1; ++i)
                if (cj[i][1] < cj[i+1][1])
                {
                    swap(cj[i][0], cj[i+1][0]);
                    swap(cj[i][1], cj[i+1][1]);
                    over = false;
                }
        }
    }

    void print()
    {
        cout << fixed << setprecision(2);
        cout << "Pjf:" << sum/n << " Zuigaofen:" << cj[0][1] << " Zuidifen:" << cj[n-1][1] << endl;
        cout << "100~90:" << rs[4];
        for (int i = 3; i; --i)
            cout << " " << i*10+59 << "~" << i*10+50 << ":" << rs[i];
        cout << "59~0:" << rs[0] << endl;
        for (int i = 0; i < n; ++i)
            cout << "NO." << i+1 << " " << cj[i][0] << " " << cj[i][1] << endl;
    }

    int main()      //编程时多使用模块化,使main主函数尽量简洁
```

```
{
    freopen("score.in","r",stdin);
    freopen("score.out","w",stdout);
    cin>>n;
    sum=0;
    for(int i=0;i<n;++i)
    {
        for(int j=0;j<2;++j)
            cin>>cj[i][j];
        sum+=cj[i][1];
        count(cj[i][1]);
    }
    sort();
    print();
    return 0;
}
```

展示实力

（1）输入一段文字，统计其中大写字母、小写字母、数字以及除空格以外其他各个字符的个数，并将统计结果由大到小输出。

（2）已知 n 个人的年龄及性别，求：①这 n 个人的平均年龄、男性的平均年龄、女性的平均年龄；②各年龄段的人数及所占的百分比（占总人数的百分之几），以 10 岁为一个年龄段，100 岁以上的为一个年龄段；③最大年龄及最小年龄，男性最大年龄及最小年龄，女性最大年龄及最小年龄。

（3）某电影院以观众的年龄及身高为标准制定了相应的购票规定，具体规定如下：

①年龄超过 18 岁的购买全价票。

②年龄在 6～17 岁的或身高在 100～120 cm 的购买半价票；如果全价票的价钱是奇数，则计算半价票的价钱时四舍五入，如全价票是 17 元，半价票是 9 元。

③年龄在 5 岁以下或身高不足 100 cm 的免费入场。

观众有一项条件达到优惠条件的，就可以优惠购买电影票。如果观众的两项条件分别符合半价优惠及免费优惠条件，则免费入场。如观众 6 岁身高 95 cm，那么他可以免费入场，如果观众是 25 岁身高 180 cm，那么他必须购买全价票。

要求编写一个程序，输入电影票的单价 m，n 个观众的年龄、身高，输出售票总金额，购买全价票的人数，购买半价票的人数，免费入场的人数。

输入格式（ticket.in）：文件第一行是 m 和 n，$5 \leq m \leq 500$，$1 \leq n \leq 3\,000$ 均为整数，余下 n 行观众的年龄和身高。

输出格式（ticket.out）：文件第一行是售票总金额，第二行是购买全价票的人数，第三行是半价票的人数，第四行是免费入场的人数。

输入输出样例：

输入	100 3	输出	Zongjia：150
	10 150		Quanpiao：1
	20 175		Banpiao：1
	3 85		Mianfei：1

第 22 课　加法小神童

在科学城里住着一位加法小神童，他能在一秒钟内算出两个大数相加的结果。这两个数可不是普通的数字，它们是 11 位以上的"庞然大物"。为了证明自己神奇的计算能力，加法小神童请全城的人都来出题目考自己，只要答错一题他就自愿放弃"加法小神童"的称号。

你是否也想考考加法小神童呢？编写一个程序帮我们算出任意两个 11 位以上的数相加的精确结果吧。

输入格式（add.in）：文件有两行分别是两个需要相加的数，这两个数在 $10^{11} \sim 10^{100}$ 之间。

输出格式（add.out）：输出两个大数相加的精确结果。

输入输出样例：

输入：8569742356145896
　　　215783669444444427

输出：224353411800590323

● 求两个大数和

【分析】

（1）由于两个加数都很大，已经超出了一般的数值型数据类型的表示范围，因此需要用字符串来接收两个数。再用字符串截取的方法取出每一位并转换成数字存放到数值型数组中。用 a 数组存放第一个数，用 b 数组存放第二个数。

（2）用 c 数组存放计算结果。从低位到高位依次将各个位数相加，即 c[i] = a[i] + b[i]。对需要进位的采用进位处理方法，即如果 c[i] >= 10，则 c[i] = c[i] - 10，c[i+1] = c[i+1] + 1。因为 c[i] 还存放着前一位计算结果的进位，因此实际上应该是 c[i] = a[i] + b[i] + c[i]。

（3）从高位到低位输出。如果最后一位数字相加后产生进位，则最高位 j 应加 1，即从 j+1 位开始输出结果。

【参考程序】

```
//程序 P22_1
#include<iostream>
using namespace std;
```

```cpp
string s1, s2;
int cd1, cd2, cd, a[100], b[100], c[100];

int main()
{
    freopen("add.in", "r", stdin);
    freopen("add.out", "w", stdout);
    cin>>s1>>s2;                              //读入
    cd1=s1.length();
    cd2=s2.length();
    cd=max(cd1,cd2);                          //和的位数一般为两个加数位数的较大值
    for(int i=0; i<cd1; ++i)                  //转化为数组模拟大数字
        a[cd1-1-i]=s1[i]-'0';
    for(int i=0; i<cd2; ++i)
        b[cd2-1-i]=s2[i]-'0';
    for(int i=0; i<cd; ++i)
    {
        c[i]+=a[i]+b[i];
        if(c[i]>=10)                          //处理进位
        {
            c[i]-=10;
            ++c[i+1];
        }
    }
    if(c[cd]) ++cd;                           //特殊处理最后一个进位
    for(int i=cd-1; i>=0; --i)
        cout<<c[i];
    cout<<endl;
    return 0;
}
```

参考上面的程序，编写任意两位n进制数的高精度加法程序。

● 高精度计算

计算机中数据类型能够表示的范围是受限制的，有时会遇到这样的问题：有些计算要求高，希望得到的结果是几十位甚至几百位的精确数字，但由于受到计算机硬件的限制，无法达到要求。我们可以通过"软"方式来解决这一困难，即通过程序设计的方法进行高精度计算。

高精度计算，一般就是把一个数按位数分别放在一个数组的各个元素中，然后模拟竖式计算的方法进行计算。

在计算机上进行高精度计算，首先要处理好以下几个基本问题。

1. 数据的接收与存储

当输入的数字很长时，可以采用字符串接收。将字符串的每一个字符逐一转换成数值存放到数值型的数组中就可以运算了。

2. 计算结果位数的确定

（1）两数之和的位数最大为两加数中较大数的位数加1。

（2）乘积的位数最大为两个乘数的位数之和。

3. 进位和借位的处理

加法进位：c[i] = a[i] + b[i] + c[i]，
　　　　　若c[i] > 10，则c[i] = c[i] − 10，c[i+1] = c[i+1] + 1。

减法借位：若a[i] < b[i]，则a[i+1] = a[i+1] − 1，a[i] = a[i] + 10，
　　　　　c[i] = a[i] − b[i]。

乘法进位：i, j 表示两个乘数的位数。
　　　　　w = i + j, c[w] = a[i] * b[j] + c[w]，
　　　　　若c[w] >= 10，则c[w+1] = c[w+1] + c[w] / 10，c[w] = c[w] % 10。

如果对这些公式还不太理解，不妨自己手工多尝试模拟一下加法、减法、乘法的过程，仔细看看进位、借位的规律，再对照这些式子，就会清晰很多。

【例1】高精度减法。输入两个整数 m 和 n（$m > n$），m 和 n 的位数都不大于200位，输出 $m − n$ 的差。

输入格式（subtract.in）：文件第一行是被减数，第二行是减数，被减数大于减数。这两个数在 10^{200} 以内。

输出格式（subtract.out）：输出计算结果。

输入输出样例：

输入：5894379463257
　　　1245648324567

输出：4648731138690

【分析】

①高精度减法运算与加法运算相似，只是处理借位部分不同，参照"及时充电"部分的方法处理借位即可。

②从高位到低位找出第一个不为0的数字开始输出，如果差为0则输出0。

【参考程序】

```cpp
//程序 P22_2
#include<iostream>
using namespace std;
string s1, s2;
int cd1, cd2, cd, a[300], b[300], c[300];
int main()
{
    freopen("subtract.in", "r", stdin);
    freopen("subtract.out", "w", stdout);
    cin>>s1>>s2;
    cd1=s1.length();
    cd2=s2.length();
    cd=max(cd1, cd2);
    for(int i=0; i<cd1; ++i)
        a[cd1-1-i]=s1[i]-'0';
    for(int i=0; i<cd2; ++i)
        b[cd2-1-i]=s2[i]-'0';
    for(int i=0; i<cd; ++i)
    {
        if(a[i]<b[i])          //借位
        {
            --a[i+1];
            a[i]+=10;
        }
        c[i]=a[i]-b[i];
    }
    for(; cd>1 && c[cd-1]==0; --cd);   //相减后位数可能大大减小
    for(int i=cd-1; i>=0; --i)
        cout<<c[i];
```

```
        cout < < endl;
        return 0;
}
```

【例2】高精度乘法。输入两个整数 m 和 n，m 和 n 的位数不大于 100 位，输出 $m \times n$ 的积。

输入格式（multiply.in）：文件有两行，是两个在 10^{100} 以内的数。

输出格式（multiply.out）：输出计算结果。

输入输出样例：

输入：578474357954668
　　　12435124571

输出：7193400702295541350947428

【分析】

① 两数相乘结果的位数是两乘数的位数之和，因此在定义 c 数组时应将数组定义为 c[200]。

② 计算时用双重循环，使 b 数组的每一个数字能逐一与 a 数组的所有数字相乘。参照"及时充电"部分的方法处理进位。

③ 乘数中只要有一个是 0，积就为 0，因此从高位到低位找出第一个不为 0 的数字开始输出，如果积为 0，则输出 0。

【参考程序】

```
// 程序 P22_3
#include <iostream>
using namespace std;
string s1, s2;
int cd1, cd2, cd, a [100], b [100], c [200] = {0};
int main ()
{
    freopen ("multiply.in", "r", stdin);
    freopen ("multiply.out", "w", stdout);
    cin > > s1 > > s2;
    cd1 = s1.length (); cd2 = s2.length ();
    for (int i = 0; i < cd1; + + i)
        a [cd1 - 1 - i] = s1 [i] - '0';
    for (int i = 0; i < cd2; + + i)
        b [cd2 - 1 - i] = s2 [i] - '0';
    for (int i = 0; i < cd1; + + i)
        for (int j = 0; j < cd2; + + j)
        {
            int w = i + j; // 目标位 w
```

```
            c[w]+=a[i]*b[j];
            if(c[w]>=10)  //进位
            {
                c[w+1]+=c[w]/10;  //相乘后每次进位可能不止进1
                c[w]%=10;
            }
        }
    cd=cd1+cd2;  //积的位数为两乘数位数相加
    for(;cd>1&&c[cd-1]==0;--cd);
    for(int i=cd-1;i>=0;--i) cout<<c[i];
    cout<<endl;
    return 0;
}
```

【例3】求 $n!$（n 阶乘）的精确值（$n! = 1 \times 2 \times 3 \times \cdots \times n$）。

输入格式（nj.in）：文件仅有一个整数 n（$n \leq 35$）。

输出格式（nj.out）：输出计算结果。

输入输出样例：

输入：15

输出：1307674368000

【分析】

①存放方式：本题不需要将字符串转换为数值数组的步骤，可以直接定义数组 a 用于存放结果，依次与 1~n 相乘。稍微改进数组存放的方式，即每个单元存放三位数，这样内存可以节省1/3。

②进位处理：如果存储单元的数值大于 999 则需要进位。用变量 c 来存放进位，用 k 来存放 a 数组已经存放的单元个数。当所有已经存有数字的单元均与 i 相乘后，c>0 则说明需要再增加一个单元来存放结果。

③输出处理：将各单元的数由 a[k]~a[1] 输出。除了 a[k] 外，其余单元如果不足三位数则需要在输出时在前面补零，凑成三位数。

【参考程序】

```
//程序 P22_4
#include<iomanip>
#include<iostream>
using namespace std;
int n,a[100],la;
int main()
{
    freopen("nj.in","r",stdin);
    freopen("nj.out","w",stdout);
```

```
cin>>n;
a[0]=1;la=1;
for(int i=2;i<=n;++i)
{
    int c=0;                          //c用于处理进位
    for(int j=0;j<la;++j)
    {
        a[j]=a[j]*i+c;
        c=a[j]/1000;                  //数组上一位对应三位
        a[j]%=1000;
    }
    if(c) a[la++]=c;                  //特殊处理最后一次进位
}
cout<<a[la-1];                        //特殊处理输出的第一位,不补0
for(int i=la-2;i>=0;--i)
cout<<setfill('0')<<setw(3)<<a[i];    //不足三位用0补足
cout<<endl;
return 0;
}
```

本程序仅能计算出 $n \leq 35$ 时的阶乘精确值,一旦 n 超过 35,就会因为数据溢出而令结果出错。如何修改数据类型,使程序能够算出 100 以内的阶乘的精确值呢?(提示:一个数组单元可以存放多位数字)

【例4】采购员的烦恼。电器厂最近赶制一批电器,需要采购大量原材料,各个车间均根据生产需要向采购组递交了需求清单。由于数量庞大,采购员无法准确算出购买所有原材料的总金额。请你编写一个程序,帮助采购员算出购买所有原材料的总金额。

输入格式(js.in):文件第一行是原材料种数 n($1 \leq n \leq 10\ 000$),接下来有 $n \times 2$ 行,分别代表某材料的数量 sl($1 \leq sl \leq 10^{100}$)及单价 x($1 \leq x \leq 1\ 000$)。即文件第二行是第一种原材料的数量,第三行是第一种原材料的单价,依此类推。

输出格式(js.out):输出购买所有原材料的总金额。

输入输出样例:

输入:2
   1234567735456
   256
   48746465463
   986

输出:364113355223254

【分析】

①分析题目可知,某种材料的数量有可能超出整数的表示范围,因此本题需要使用高精度算法。用高精度乘法计算某种原材料的价钱和购买所有原材料的总金额。

②用字符串类型接收原材料的数量。由于单价不超过 1 000,所以用整数类型接收原材料的单价。

【参考程序】

```cpp
//程序 P22_5
#include<iomanip>
#include<iostream>
using namespace std;
string s;
int n,a[110],la,b[110],lb,x,l;
int main()
{
    freopen("js.in","r",stdin);
    freopen("js.out","w",stdout);
    cin>>n;
    la=1;
    for(int i=0;i<n;++i)
    {
        cin>>s>>x;
        lb=s.length();
        for(int j=0;j<lb;++j)
            b[lb-1-j]=s[j]-'0';
        int c=0;  //用于进位
        for(int j=0;j<lb;++j)  //单精度乘法
        {
            b[j]=b[j]*x+c;
            c=b[j]/10;
            b[j]%=10;
        }
        b[lb]=c;                    //特殊处理最后一次进位
        for(;b[lb];++lb)
        {
            b[lb+1]=b[lb]/10;
            b[lb]%=10;
        }
```

```
    l = max (la, lb);  //高精度加法
    for (int i = 0; i < l; ++i)
    {
        a [i] += b [i];
    if (a [i] >= 10)
        {
            a [i] -= 10;
            ++a [i+1];
        }
    }
    if (a [l]) ++l;
    la = l;
}
for (int i = la-1; i >= 0; --i)
cout << a [i];
cout << endl;
return 0;
}
```

展示实力

（1）输入一个正整数 n（$5 \leq n \leq 200$），让计算机从 0 开始循环不断加 99 999 的运算，直到和的位数达到 n 为止。如：

输入：5

输出：99999

（2）输入三个整数 a，b，n，求 $a^n + b^n$ 的结果。

输入格式（ab.in）：文件仅有一行，分别是三个整数 a，b，n。（a，$b \leq 200$，$n \leq 50$）。

输出格式（ab.out）：输出 $a^n + b^n$ 结果的精确值。

输入输出样例：

输入：2 3 2

输出：13

（3）白雪公主有一个恶毒的后母，她十分妒忌白雪公主的美丽，每天都想方设法刁难白雪公主。有一天她叫来白雪公主，要求白雪公主将大米派发给城里的居民。给每位女性成年居民派发 534 216 789 粒米，给每位男性成年居民派发 987 654 321 粒米，给每位未成年居民派发 123 456 789 粒米。后母要求白雪公主必须如实准备大米，不能多一粒也不能少一粒，否则就将白雪公主赶出皇宫。白雪公主的小鸟朋友们纷纷前来帮她准备大米，可是它们不善于计算，不知道一共该准备多少粒大米。

请你编写一个程序帮助白雪公主算出大米的数量。

输入格式（dm.in）：文件有三行，第一行是女性成年居民的人数，第二行是男性成年居民的人数，第三行是未成年居民的人数。三个数字均在 10^{100} 内。

输出格式（dm.out）：输出大米总数。

输入输出样例：

输入：20000000

　　　19000000

　　　5000000

输出：30067051824000000

第23课　百钱买百鸡

我国古代数学家张丘建在他的《张丘建算经》中提出了著名的"百钱买百鸡"问题：鸡翁一，值钱五，鸡母一，值钱三，鸡雏三，值钱一，百钱买百鸡，问翁、母、雏各几何？此问题意思是：公鸡每只5元钱，母鸡每只3元钱，小鸡3只1元钱。用100元钱买100只鸡，问公鸡、母鸡和小鸡各几只？

● 求鸡的数目

【分析】

①设公鸡、母鸡、小鸡的个数分别为 x，y，z，要用100元钱买100只鸡，若全买公鸡最多买20只，所以 x 的值在 0~20 之间。

②同理，y 的取值范围在 0~33 之间，因为买鸡的总数是100只，所以 $z = 100 - x - y$。

③根据题目中 x，y，z 变化，我们可以用所有可能的公鸡数和母鸡数去尝试计算，当 $5x + 3y + z/3 = 100$ 时，这时 x，y，z 的值就是一种解法。

【参考程序】

```
//程序 P23_1
#include <iostream>
using namespace std;
int main ()
{
for (int x =1; x <=20; ++x)
    for (int y =1; y <=33; ++y)
    {
        int z =100 -x -y;  //根据x、y计算z
        if (5*x +3*y +z/3 ==100 && z%3 ==0)  //若此x、y、z组合符
                                              合题意
            cout << "x = " << x << "y = " << y << "z = " << z << endl;
    }
return 0;
}
```

此求解方法的基本思路就是根据部分条件（如100元钱买100只鸡），确定出可能解的最大范围（如1~20），再加入其他条件（如 $z = 100 - x - y$）对可能解进行逐一验证，确定是否为真正的解，同时尽量跨过一些显然不正确的解，从而提高程序的效率。

上面如果加上"每种鸡至少要买一只"的条件，如何修改这个程序呢？

● 穷举法

在解决"百钱买百鸡"的问题时，难以找到规律或公式，或者根本没有公式可循，只好把所有可能的情况都逐一尝试，当找到正确的答案时就输出。这种将所有情况一一列举出来并做出判断，从而找出答案的方法，我们称之为穷举法，又称枚举法。

【例1】将1，2，…，9共9个数字分成3组，分别组成3个三位数，且使这3个数构成1∶2∶3的比例，试求所有满足条件的3个三位数。例如：192，384，576这3个就满足以上要求。

【分析】

①题目的求解很难找到一个可循的规律或公式来求解，但解的范围是可见的，即所求的三位数都是在123~987之间的。我们可以按题目要求进行一一验证，所以可以用枚举法来求解。先考虑枚举的变量，为了叙述方便，以下设 $abc:def:ghi = 1:2:3$。

②容易想到用：a，b，c，d，e，f，g，h，i 表示所有数字，枚举出了 a，b，c，d，e，f，g，h 之后自然可以知道 i 了；也可以用 abc，def，ghi 分别来表示这3个三位数，则枚举出了 abc，再乘以2，3得到 def，ghi，显然后一种方法更好。

③为了提高程序的效率，应尽量缩小变量的枚举范围，这里 ghi 是三位数，故 $ghi \leq 987$，所以 $abc \leq 987/3 = 329$。这样 abc 范围在123~329，范围小了不少，可以开始枚举。

【参考程序】

```
//程序 P23_2
#include <sstream>
#include <iostream>
using namespace std;
string i2s (int x)
{
    string y;
```

```
        stringstream f;
        f<<x; f>>y;
        return y;
}
int main()
{
        string s, ss;
        for (int i=123; i<=329; ++i)
        {
                ss=i2s(i);  //把i，2i，3i分别转化为字符串，判断是否包含1~9
                            这9个字符
                s=i2s(i*2);
                ss=ss+s;
                s=i2s(i*3);
                ss=ss+s;
                bool flag=true;
                for (char ch='1'; ch<='9'; ++ch)
                        if (ss.find(ch)==string::npos) flag=false;
                if (flag) cout<<i<<' '<<i*2<<' '<<i*3<<endl;
        }
        return 0;
}
```

从上例中我们可以看出，运用枚举法时，所求的解是在一定的可预知范围之内，同时这些解都是可以一一验证的。

确定枚举范围是很重要的，为了提高程序的效率，我们应尽可能地缩小枚举范围。尽量减少枚举变量、通过计算得到枚举变量的值、减少枚举次数等方法都是提高枚举效率的有效方法。下面再看几个例子。

【例2】甲、乙、丙、丁、戊五个人在运动会上分别获得了100米、200米、跳高、跳远和铅球冠军，有四个同学猜测比赛结果。

刘说：乙是铅球冠军，丁为跳高冠军；杨说：甲是100米冠军，戊为跳远冠军；
陈说：丙是跳远冠军，丁为200米冠军；吴说：乙是跳高冠军，戊是铅球冠军。
其中每个人只说对了一句，也说错了一句。请编程判断五人各获哪项冠军？

【分析】

①此题目显然也看不到有什么公式或规律可循，如果用1，2，3，4，5分别来代表100米、200米、跳高、跳远和铅球冠军，用a，b，c，d，e分别代表甲、乙、丙、丁、戊。如$b=3$表示乙为跳高冠军。

②因为每个说话的人都是对哪个人获什么冠军进行了逻辑判断，为了让计算机理解这些逻辑语句，必须将它们转化为逻辑表达式。

③因为"每个人只说对了一句"可知,每个人所说的话的最后逻辑值之和均为1,以此条件进行验证每一个人枚举的情况。

【参考程序】

```cpp
//程序P23_3
#include<iostream>
using namespace std;
int main ()
{
    for (int a =1; a <=5; ++a)
      for (int b =1; b <=5; ++b)
        for (int c =1; c <=5; ++c)
          for (int d =1; d <=5; ++d)
          {
              int e =15 -a -b -c -d;   //计算e
              if (a*b*c*d*e ==120) continue;   //判断是否重复
              if ( (b ==5) + (d ==3) ==1 &&
                   (a ==1) + (e ==4) ==1 &&
                   (c ==4) + (d ==2) ==1 &&
                   (b ==3) + (e ==5) ==1)   //判断是否符合题意
                cout << "a:" << a << " b:" << b << " c:" << c << " d:" << d << " e:" << e << endl;
          }
    return 0;
}
```

此题目是典型的逻辑判断题,解这种题目的程序主要就是用 n 层循环进行枚举,它的难点是如何把已知的条件转化成计算机能理解的逻辑表达式。

【例3】在半径为 r 的圆内有两个互相正交的内接长方形,如图5–1所示,其中 a 和 b 可以随便取,但必须是整数。编写一程序,求 a 和 b 的值使阴影部分面积最大。注意,圆的内接长方形的对角线一定是圆的直径。例如:

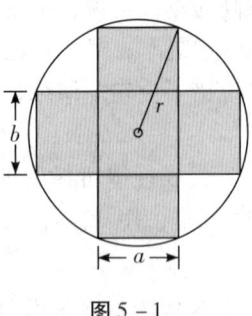

图5–1

输入：5（表示半径）

输出：5　5　（对应取得最大面积时的 a, b 值）

【分析】

①图中阴影部分面积等于两个长方形的面积之和减去它们相交的公共部分的面积。

②由于阴影部分的面积会因 a, b 的值而变化，而 a, b 都是整数，显然 a, b 的值的范围是在 $1 \sim 2 \times r$ 之间，所以所求面积是有一定的范围的。其中，有一边长 a 的长方形的面积计算公式为：$S = a\sqrt{(2r)^2 - a^2}$。［对应的赋值语句为 s = a * sqrt ((2 * r) * (2 * r) − a * a)］。

③我们可以从 $1 \sim 2 \times r$ 枚举 a, b 的值，计算出对应的阴影部分的面积，通过比较得到最大值，并记录最大值和取得最大值时的 a, b 值，这样通过逐一枚举验证，最后所得到的 a, b 即是所求。

【参考程序】

```cpp
//程序 P23_4
#include <cmath>
#include <iostream>
using namespace std;
int r, sa, sb, sg, maxs, maxa, maxb;
int main ()
{
    cin >>r;
    r *=2; maxs =0;
    for (int a =1; a <r; ++a)
        for (int b =1; b <r; ++b)
        {
            sa = a * sqrt (r*r-a*a);
            sb = b * sqrt (r*r-b*b);
            sg = sa + sb - a*b;
            if (sg >maxs)
            {
                maxs = sg; maxa = a; maxb = b;
            }
        }
    cout << maxa << ´´<< maxb << endl;
    return 0;
}
```

(1) 小明有一个最多只能装 10 千克的菜篮，现有青菜 5 千克、猪肉 1 千克、油 1.7 千克、鱼 3.5 千克、糖 1 千克、其他杂物 5.1 千克，你能帮小明找出装哪几件物品才能使他的菜篮总重量最大吗？

(2) 甲、乙两数和为 168，甲数的 1/8 与乙数的 3/4 的和为 76，求甲、乙两数。

(3) 最长公共子串：求 n（$1<n<20$）个字符串的最长公共子串，每个字符串不超过 20 个字符。

输入	输出
3	bc
abc	（表示三个串中最长的公共子串）
abcba	
bcba	

(4) 试用枚举法求出 $1 \sim n$ 以内所有的素数。

(5) 把 1 元钞票换成 1 分、2 分、5 分硬币（每种至少一个），有多少种换法？

(6) 有一群鸡和一群兔，它们的只数相同，它们的脚数都是三位数，且这两个三位数的数字是用 0，1，2，3，4，5 组成。问：鸡和兔的只数各是多少？它们的脚数各是多少？

(7) 数字三角形问题。如图 5-2 所示为一个数字三角形宝塔。数字三角形中的数字为不超过 100 的整数。现规定从最顶层走到最底层，每一步可沿左斜线向下或右斜线向下走。假设数字塔行数小于或等于 10，键盘输入一个确定的整数值 m，编程确定是否存在一条路径，使得沿着该路径所经过的数字的总和恰为 m，若存在则给出所有路径，若不存在，则输出"no answer!"字样。

例如：$m=24$，则所求路径是：7-3-8-2-4，如图 5-2。

```
        7
       3 8
      8 1 0
     2 7 4 4
    4 5 2 6 5
```

图 5-2 数字塔

第 24 课　兔子繁殖

斐波那契（Fibonacci）是意大利中世纪伟大的数学家之一，他曾提出这样一个问题：现在有一对成熟的兔子每月可生一对小兔子。出生的小兔子两个月后成熟，就可再生一对小兔子。问一年后，一共有多少对兔子？

● 求兔子数

【分析】

如果以 f_n 表示 n 个月后兔子的总对数，则有 $f_1=1$，$f_2=1$，$f_3=2$，$f_4=3$，$f_5=5$，$f_6=8$，$f_7=13$，$f_8=21$，…，这个数列就是著名的斐波那契数列（或称斐氏数列）。

例如当 $n=5$，则 $f_n=5$；$n=7$ 时，则 $f_n=13$。

①仔细观察这个数列：

因为 $f_1=1$

$f_2=1$

$f_3=f_1+f_2=2$

$f_4=f_2+f_3=3$

……

所以可以发现其规律是

$$\begin{cases} f_1=1 \ (n=1) \\ f_2=1 \ (n=2) \\ f_n=f_{n-1}+f_{n-2} \ (n \geq 3) \end{cases}$$

也就是说从第 3 项起，每项均为它的前两项之和。

②用一维数组 a 存放这个数列，由第 1，2 项的值以及公式 $f_n=f_{n-1}+f_{n-2}$（$n \geq 3$）可以依次得到第 3 项、第 4 项……第 n 项的值。

【参考程序】

```
// 程序 P24_1
#include <iostream>
using namespace std;

int n, a[1000];
int main ()
{
```

```
cin>>n;
a[1]=a[2]=1;
for(int i=3;i<=n;++i)
    a[i]=a[i-1]+a[i-2];  //由前两项递推
cout<<a[n]<<endl;
return 0;
}
```

及时充电

● 递推

斐波那契数列的第1, 2项是固定的值1, 从第3项起每一项都可以由其前面两项推导出来, 即：

$$\begin{cases} f_1 = 1 \ (n=1) \\ f_2 = 1 \ (n=2) \\ f_n = f_{n-1} + f_{n-2} \ (n \geq 3) \end{cases}$$

像这样建立的后项和前项之间的关系式, 就称为递推关系式。而 $f_1 = 1$, $f_2 = 1$ 是初始条件, 又称为边界条件。递推就是由边界条件根据递推关系式（又称公式）推出后续各项的值, 所以递推的关键是建立递推关系式和确定边界条件。

递推又分顺递和逆推, 从已知条件出发, 利用前后各项之间的数量关系（即递推式）, 逐步推出要解决的问题, 叫顺推; 从结果出发逐步推出已知条件, 叫逆推。

递推算法是一种用若干步可重复的简单运算（规律）来描述复杂问题的方法。

探索奥秘

【例1】植树节那天, 有五位同学参加了植树活动, 他们完成植树的棵数都不相同。第一位同学比旁边的第二位同学多植了两棵, 第二位同学比旁边的第三位同学多植了两棵……每位都比其下一位同学多植两棵。已知第五位同学植了10棵, 问: 第一位同学植了多少棵树？

【分析】

①设第一位同学植树的棵数为 $a(1)$, 欲求 $a(1)$, 需从第五位同学植树的棵数 $a(5)$ 入手, $a(5) = 10$。

②根据"多两棵"这个规律, 按照一定顺序逐步进行推算: 有 $a(4) = a(5) + 2 = 12$。

③同理, $a(3) = a(4) + 2 = 14$。

④同理, $a(2) = a(3) + 2 = 16$。

⑤同理, $a(1) = a(2) + 2 = 18$。

【参考程序】
```
//程序P24_2
#include<iostream>
using namespace std;
int main()
{
    int a=10;
    for(int i=1;i<=4;++i)
        a+=2;
    cout<<"The Num is "<<a<<endl;
    return 0;
}
```

本程序的递推运算可用如图 5-3 所示描述：

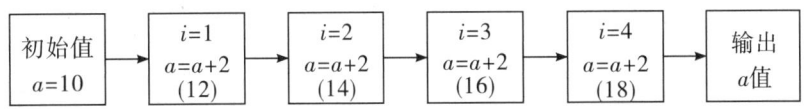

图 5-3 递推求解的过程

递推算法就是以"起点"（初始值）为基础，用相同的运算规律，逐次重复运算，直至运算结束。这种从"起点"重复相同的方法直至到达一定"边界"，可以用循环实现，因为递推的本质是按规律逐次推出（计算）下一步的结果。

【例2】a，b，c，d，e 五人合伙夜间捕鱼，清晨时都疲倦不堪，各自在河边的树丛中找地方睡着了。a 第一个醒来，他将鱼平分成五份，把多余的一条扔回河中，拿着自己的一份回家了。b 第二个醒来，也将鱼平分成五份，扔掉多余的一条，拿走自己的一份。接着 c，d，e 依次醒来，也都这样处理。问：五人至少捕到多少条鱼？

【分析】

①设 a，b，c，d，e 醒来看到的鱼数目分别为：f(5)，f(4)，f(3)，f(2)，f(1)。显然 f(5) 就是捕鱼的总数。由题意不难得出以下关系式：

$$f(4) = 4 \times [f(5) - 1]/5$$
$$f(3) = 4 \times [f(4) - 1]/5$$
$$f(2) = 4 \times [f(3) - 1]/5$$
$$f(1) = 4 \times [f(2) - 1]/5$$

故递推关系式为：$f(i) = 4 \times [f(i+1) - 1]/5$

可化为：$f(i+1) = f(i) \times 5/4 + 1$ （$i=1,2,3,4$）

②若已知 f(1)，则可推出 f(5)。但题中并没有给出 f(1) 的确切值，此时我们可采用逐个验证的方法，设 f(1) 分别为 6，11，16，21…，来推算出 f(2)，f(3)，f(4)，f(5)，使 f(2)~f(5) 均为整数的 f(1) 的值即为解。

【参考程序】

```
//程序 P24_3
#include<iostream>
using namespace std;
double a[7];
int main()
{
    bool flag=true;
    for(int n=1;flag;++n)
    {
        a[1]=5*n+1;flag=false;
        for(int i=2;!flag&&i<=5;++i)
        {
            a[i]=5*a[i-1]/4+1;
            if(a[i]!=(int)a[i]) flag=true;  //判断是否为整数
        }
    }
    cout<<"a[5]="<<(int)a[5]<<endl;
    return 0;
}
```

上例采用顺推法求解,你能用逆推法来求解吗?

【例3】小小询问集市上卖西瓜的农民今天上午卖了几个西瓜,这个农民回答说:"我在第1个小时卖出了全部西瓜的1/2又1/2个,第2个小时卖出了剩余的1/3又1/3个,在第3个小时卖出了剩余的1/4又1/4个,在第4个小时卖出了剩余的1/5又1/5个,最后正好剩11个西瓜。"问:这个农民原来一共有多少个西瓜?

【分析】

①我们用a(1),a(2)…a(4)分别表示第1个小时后、第2个小时后……第4个小时后的剩余西瓜数,用a(0)表示初始西瓜总数。由题意分析可知:

$a(1)=a(0)-[a(0)\times 1/2+1/2]$
$a(2)=a(1)-[a(1)\times 1/3+1/3]$
$a(3)=a(2)-[a(2)\times 1/4+1/4]$
$a(4)=a(3)-[a(3)\times 1/5+1/5]$

所以递推关系式为:$a(n)=a(n-1)-[a(n-1)\times 1/(n+1)+1/(n+1)]$。

②现在是已知最后一项a(4)=11,倒过来要求a(0)为何值。

③方法一,利用递推公式进行倒推求初始值,首先将递推公式整理为逆推形式:

$a(n-1) = (n+1)/n \times a(n) + 1/n$。见"程序 P24_4"。

④ 方法二仍采用顺推形式,首先确定初始项 a(0) 的大概范围,然后采用逐一验证。见"程序 P24_5"。

【参考程序】

```
// 程序 P24_4
#include <iostream>
using namespace std;
double a[5];
int main()
{
    a[4] = 11;
    for (int i = 4; i >= 1; --i)
        a[i-1] = (i+1.0)/i * a[i] + 1.0/i;
    cout << "A[0] = " << a[0] << endl;
    return 0;
}
```

```
// 程序 P24_5
#include <iostream>
using namespace std;
double a[5];
int main()
{
    a[0] = 22;
    do
    {
        ++a[0];
        for (int i = 1; i <= 4; ++i)
            a[i] = a[i-1] - (a[i-1]/(i+1)) - 1.0/(i+1);
    }
    while (a[4]-11 > 1e-6 || 11-a[4] > 1e-6);   // 当 a[4] 与 11 相差很小时,符合题意
    cout << "A[0] = " << a[0] << endl;
    return 0;
}
```

递推通常采用循环迭代的方法,如循环累乘、循环累加等方法。

(1) 阶乘函数定义（n!）描述如下：

$$f(n) \begin{cases} 1 & (0 \leq n \leq 1) \\ n \times f(n-1) & (n > 1) \end{cases}$$

请编程实现从键盘输入 n 值，用递推法求 $f(n)$ 的值。

(2) 现有阶梯共 n 级，上阶梯可以一步上一级，也可以一步上两级。请用递推方法编写一个程序，计算共有多少种不同的走法。

(3) 输入两个正整数 x，y（$2 \leq x < 1\,000$，$2 \leq y \leq 1\,000$），求出满足下列条件的 p，q 的个数：① p，q 是正整数；② 要求 p，q 以 x 为最大公约数，以 y 为最小公倍数。

输入	输出
60	4

样例说明：（不用输出）此时的 p，q 分别为：

3　60

15　12

12　15

60　3

附 录

1. 数制及其转换

● **计数制度**

除了最常用的十进制数,在日常生活中也有不少其他记数制度的例子。例如 12 个月为一年,相当于十二进制;7 天为一个星期,相当于七进制;等等。十进制只用 0~9 共 10 个数字来进行记数。

计算机中是以二进制来记数的。二进制只使用 0 和 1 两个数字,对计算机来说是"二进制,好易计",由于 1 加 1 应该等于 2,因为没有数字 2,只能向上一个数位进一,即是采用"逢二进一"的原则。

只有数字 0,1,采用"逢二进一"原则的进位制记数法叫作二进制。如:
0,0 + 1 = 1,1 + 1 = 10,10 + 1 = 11,11 + 1 = 100,……

可见二进制的 10 表示"2",100 表示"4",1 000 表示"8",10 000 表示"16",……

任何进制的表示都可以用一对括号括起来,并用下标标明是几进制,如 $(11\,011)_2$ 表示 11 011 是一个二进制数,$(76\,543\,210)_8$ 表示 76 543 210 是一个八进制数,如果下标省略了,默认的是十进制数。

如附表 1 所示,不同的数制,它们的基本数字也不相同。

附表 1 不同的基本数字

数制	基数	特点
二进制	0,1	逢二进一
八进制	0,1,2,3,4,5,6,7	逢八进一
十六进制	0,1,2,…,9,A,B,C,D,E,F	逢十六进一

十六进制中用"A"来代表数字"10",依此类推,用"F"来代表"15",所以十六进制中的 16 个数字是 0~9,A,B,C,D,E,F(10,11,12,13,14,15)。

我们知道十进制中有:$489 = 4 \times 10^2 + 8 \times 10^1 + 9 \times 10^0$。

同样地,在二进制中有:$(11111)_2 = 1 \times 2^4 + 1 \times 2^3 + 1 \times 2^2 + 1 \times 2^1 + 1 \times 2^0 = (31)_{10}$。

● **二进制的运算**

(1)加法:从低位到高位依次运算,"逢二进一",同一数位上只有 4 种情况:
0 + 0 = 0,0 + 1 = 1,1 + 0 = 1,1 + 1 = 10

(2)减法:先把数位对齐,同一数位不够减时,从高位借位,"借一当二",如:
1 − 1 = 0,1 − 0 = 1,10 − 1 = 1,11 − 1 = 10

● 二进制和转化十进制的相互转化

【例1】把十进制 $(52)_{10}$ 数转换为二进制，$(245)_{10}$ 转换为八进制。

【分析】可以采用除法把十进制数转换为其他数制的数。假设要将一个十进制数转换为 n 进制，则转换过程为：

(1) 十进制数整除 n，得到第一个商和余数。
(2) 将商作为下一次的被除数，整除 n，得新的商和余数。
(3) 如果商未为 0，则转步骤 (2)。
(4) 将一系列余数按逆顺序从下向上写出来，就是所求的进制数。

如本题的两个数的转换如下：

```
2 | 52      余数
2 | 26       0         答案：110100
2 | 13       0            ↑
2 |  6       1
2 |  3       0
2 |  1       1
    0        1
  直至商为0
```

```
8 | 245     余数
8 |  30      5         答案：365
8 |   3      6            ↑
      0      3
   直至商为0
```

所以：$(52)_{10} = (110100)_2$　$(245)_{10} = (365)_8$

【例2】把下面的两个二进制数转换为十进制数。

$$(110101)_2;\ (1011001)_2$$

【分析】根据二进制各位的 1 或 0 的含义可知：

$(110101)_2 = 1 \times 2^5 + 1 \times 2^4 + 1 \times 2^2 + 1 \times 2^0 = 53$，

$(1011001)_2 = 1 \times 2^6 + 1 \times 2^4 + 1 \times 2^3 + 1 \times 2^0 = 89$。

【例3】请写一个程序来帮我们实现把一个 m 进制的数转换成 n 进制的数，这里的 m，n 均小于 17 且均不超过 5 位数，你知道如何实现吗？

【分析】由于 m 和 n 均是未知的，我们可借十进制为中间桥梁，即把 m 进制转换成十进制，再把十进制转换成 n 进制。

【参考程序】

```cpp
#include<iostream>
using namespace std;
int main()
{
    string num, ans, ch;
    int x, n, m, pk, len;
    cin>>num;    //读进m进制的数字串
    cin>>m>>n;
    pk=0;    //由m进制的数转换成十进制
    len=num.size();
    for(int i=0; i<len; i++)
      {
        if(num[i]<=57)    //不断地乘以m,将其转换成十进制数
           pk=pk*m+(num[i]-48);
        else
           pk=pk*m+(num[i]-55);
      }
    ans.clear();
    cout<<pk<<endl;
    while(pk>0)    //转换成n进制
      {
        x=pk%n;    //求余数
        if(x<10)
           ch=(char)(x+48);
        else
           ch=(char)(x+55);
        ans=ch+ans;    //将得到的余数以字符形式加在原字符串之前
        pk/=n;
      }
    cout<<ans<<endl;    //输出转换成n进制的数
    return 0;
}
```

2. C++ 部分保留字

保留字又称关键字，是 C++ 语言中预先保留的标识符。每个 C++ 关键字都有其特殊的含义，编程时我们不能再使用这些关键字作为变量名、自定义函数名等。

上述保留字的分类如下：

基本的数据类型保留字：void, int, char, float, double, bool

类型修饰保留字：long, short, singed, unsigned

布尔型字面值：true, false

非常重要的变量声明修饰符：const, inline

存储类别保留字：auto, static, extern, register

控制结构保留字：for, while, if, else, do

switch 语句保留字：switch, case, default

路径跳转保留字：break, continue, return, goto

动态创建变量保留字：new, delete

长度运算符：sizeof

复合类型保留字：class, struct, enum, union, typedef

与类成员相关保留字：this, friend, virtual, mutable, explicit, operator

派生类继承方式：private, protected, public

模板：template, typename

命名空间：namespace, using

异常处理：catch, throw, try

各种操作符的替代名：and, and_eq, bitand, bitor, compl, not, not_eq, or, or_eq, xor, xor_eq

其他不常用的：asm, export, typeid, volatile

3. ASCII 码表

附表 3　ASCII 码表

代码	字符	代码	字符	代码	字符	代码	字符
0	Ctrl－@	32	space	64	@	96	`
1	Ctrl－A	33	!	65	A	97	a
2	Ctrl－B	34	"	66	B	98	b
3	Ctrl－C	35	#	67	C	99	c
4	Ctrl－D	36	$	68	D	100	d
5	Ctrl－E	37	%	69	E	101	e
6	Ctrl－F	38	&	70	F	102	f
7	Ctrl－G	39	'	71	G	103	g
8	Ctrl－H	40	(	72	H	104	h
9	Ctrl－I	41	)	73	I	105	i
10	Ctrl－J	42	*	74	J	106	j
11	Ctrl－K	43	+	75	K	107	k
12	Ctrl－L	44	,	76	L	108	l
13	Ctrl－M	45	－	77	M	109	m
14	Ctrl－N	46	.	78	N	110	n
15	Ctrl－O	47	/	79	O	111	o
16	Ctrl－P	48	0	80	P	112	p
17	Ctrl－Q	49	1	81	Q	113	q
18	Ctrl－R	50	2	82	R	114	r
19	Ctrl－S	51	3	83	S	115	s
20	Ctrl－T	52	4	84	T	116	t
21	Ctrl－U	53	5	85	U	117	u
22	Ctrl－V	54	6	86	V	118	v
23	Ctrl－W	55	7	87	W	119	w
24	Ctrl－X	56	8	88	X	120	x
25	Ctrl－Y	57	9	89	Y	121	y
26	Ctrl－Z	58	:	90	Z	122	z
27	Esc	59	;	91	[	123	{
28	Ctrl－Shift－L	60	<	92	\	124	|
29	Ctrl－Shift－M	61	=	93	]	125	}
30	Ctrl－Shift－N	62	>	94	^	126	~
31	Ctrl－Shift－O	63	?	95	_	127	DEL（delete）

4. 编程知识速查表

附表4　编程知识速查表

分类	知识点	所属课目	
C++程序	Dev-C++的常用操作	第一单元　第1课	世界首富——比尔·盖茨
	C++程序结构	第一单元　第1课	世界首富——比尔·盖茨
	程序测试	第四单元　第19课	节约用电
数据类型、数据结构及数据运算	变量及变量的类型	第一单元　第5课	苹果引领新潮流
	浮点数	第一单元　第6课	如日中天的腾讯
	字符类型	第一单元　第3课	不可忘怀的金山软件
	字符的ASCII码	第一单元　第3课	不可忘怀的金山软件
	字符串及其运算	第一单元　第4课	联想——全球PC之最
	除法与求余运算	第一单元　第6课	如日中天的腾讯
	布尔表达式	第二单元　第9课	图形多奇妙
	随机函数rand()	第二单元　第8课	考考你四则运算
	函数及其数据传递	第四单元　第17课	算出团体总分
	文本文件及其有关操作	第四单元　第18课	神奇的字母计数器
	一维数组及其使用	第三单元　第13课	齐齐量身高
	二维数组及其使用	第三单元　第15课	做个小管家
	结构体struct	第四单元　第16课	记录比赛成绩
顺序结构	输入语句cin	第一单元　第6课	如日中天的腾讯
	输出语句cout	第一单元　第2课	阿里巴巴的商业帝国
	赋值语句	第一单元　第5课	苹果引领新潮流
分支结构	if语句	第一单元　第4课	联想——全球PC之最
	条件语句的嵌套	第二单元　第9课	图形多奇妙
	多分支语句switch	第二单元　第7课	换算能手
循环结构	for循环语句	第二单元　第10课	木匠的烦恼
	多重循环	第二单元　第11课	美丽的统计图
	do-while循环语句	第三单元　第12课	小冬冬一家子
	while循环语句	第三单元　第14课	我和妈妈去购物

续上

分类	知识点	所属课目
简单算法	约数与素数	第五单元 第20课 寻找亲和数
	数字分离与组合	第五单元 第20课 寻找亲和数
	数据统计	第五单元 第21课 选班长
	高精度计算	第五单元 第22课 加法小神童
	穷举法	第五单元 第23课 百钱买百鸡
	递推	第五单元 第24课 兔子繁殖
单元小结	数据类型、常量、变量、表达式、C++程序、程序的顺序结构	第一单元 单元知识导览
	随机性问题、常用头文件、输出格式函数、流程图、程序的分支结构、for循环语句	第二单元 单元知识导览
	数组及其使用、三种循环结构、排序与查找	第三单元 单元知识导览
	结构体、函数、文本文件的操作	第四单元 单元知识导览